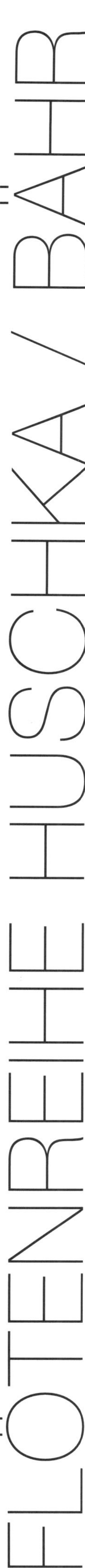

Gundel Huschka
Gudrun Bähr

01

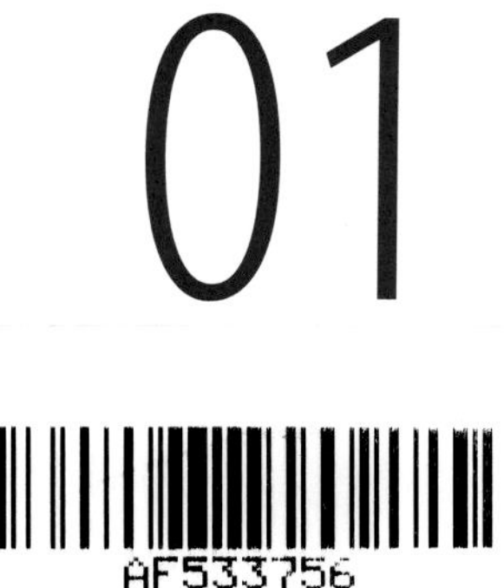

Technik

Tonleitern - Dreiklänge - Chromatik

Kultur fällt uns nicht wie eine reife Frucht in den Schoß. Der Baum muss gewissenhaft gepflegt werden, wenn er Frucht tragen soll.

Albert Schweitzer

Culture doesn't fall into our laps like ripe fruit. The tree must be cared for with utmost precision if it is to bear fruit.

Albert Schweitzer

Vorwort

Reife Früchte zu ernten ist ein großes Vergnügen und zum Glück kann man auf der Flöte relativ leicht die Geläufigkeit der Finger verbessern.

Wir haben beim Unterrichten immer wieder die Erfahrung gemacht, dass es entscheidend ist, die einzelnen Griffverbindungen häufig und regelmäßig zu wiederholen. Wer täglich eine Doppelseite übt, wird sich bald über lockere und präzise Fingerbewegungen freuen können.

Um den Einstieg zu erleichtern, beginnen wir mit F-Dur, wandern dann durch die b-Tonarten über C-Dur bzw. a-Moll zu den Kreuztonarten. Bei den Moll-Tonarten haben wir uns bewusst auf harmonisch-Moll beschränkt.

Auch für die immer schwer zu greifende Chromatik haben wir im Laufe der Jahre spezielle Übungen entwickelt. Der volle Tonumfang muss nicht bei jeder Tonart erreicht werden, sondern kann individuell angepasst werden. Ebenso ist die vorgeschlagene Reihenfolge nicht verpflichtend. Selbstverständlich sind die Tempi und Atemstellen frei zu wählen, da sie vom Bedarf und Können abhängig sind.

Das beigelegte Lesezeichen mit den verschiedenen Artikulationsvorschlägen soll helfen, die Geläufigkeit der Finger und der Zunge zu erhöhen.

Wir wünschen viel Freude und Ausdauer beim Üben, damit recht bald die Frucht zur Ernte ansteht.

Gundel Huschka und Gudrun Bähr

Preface

It is a great pleasure to harvest ripe fruit, and fortunately it is relatively easy to increase the velocity of your fingers on the flute.

We have always experienced when teaching that the best results are obtained by repeating each single finger-connection often and regularly. Those of you who practise two pages every day will soon be delighted with your relaxed and precise finger movements.

To make it easy to set off, we are starting with F Major and progressing through the flat keys, then moving through C Major and A Minor to the sharp keys. In the minor keys we have limited ourselves to the harmonic minor version.

In the course of recent years, we have also developed special exercises for chromatic sequences, which are always difficult to grasp. You don't have to manage the full range of each key but can adapt the individual exercises to suit yourself. Likewise, the suggested order of the pieces is not obligatory and, of course, the speed and breath markings can be chosen freely, depending on the performer's needs and ability.

The enclosed bookmark with various articulation ideas should help to increase the velocity of your fingers and tongue.

We wish you much joy and perseverance with your practice in order to make the fruit ripen as soon as possible.

Gundel Huschka and Gudrun Bähr

Impressum

VHR 3632 | ISMN 979-0-2013-0868-5 | ISBN 978-3-86434-022-2

Notensatz: Thomas Reuter, Oberasbach
Umschlag, Satz und Layout: Thomas Reuter, www.notenstecherei.de
Übersetzung: Mary Siegle-Collins

Inhalt / Contents

F-Dur / F Major

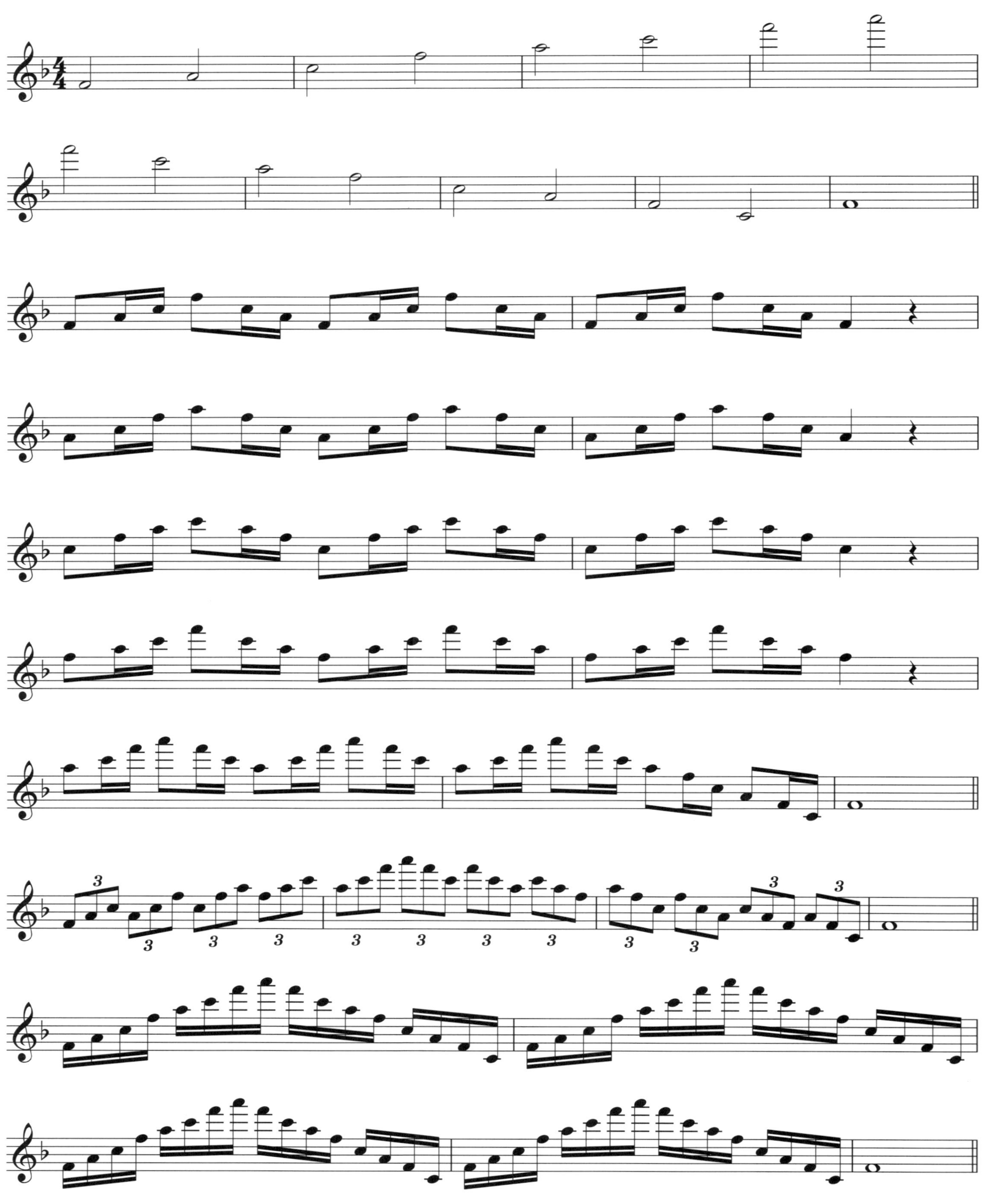

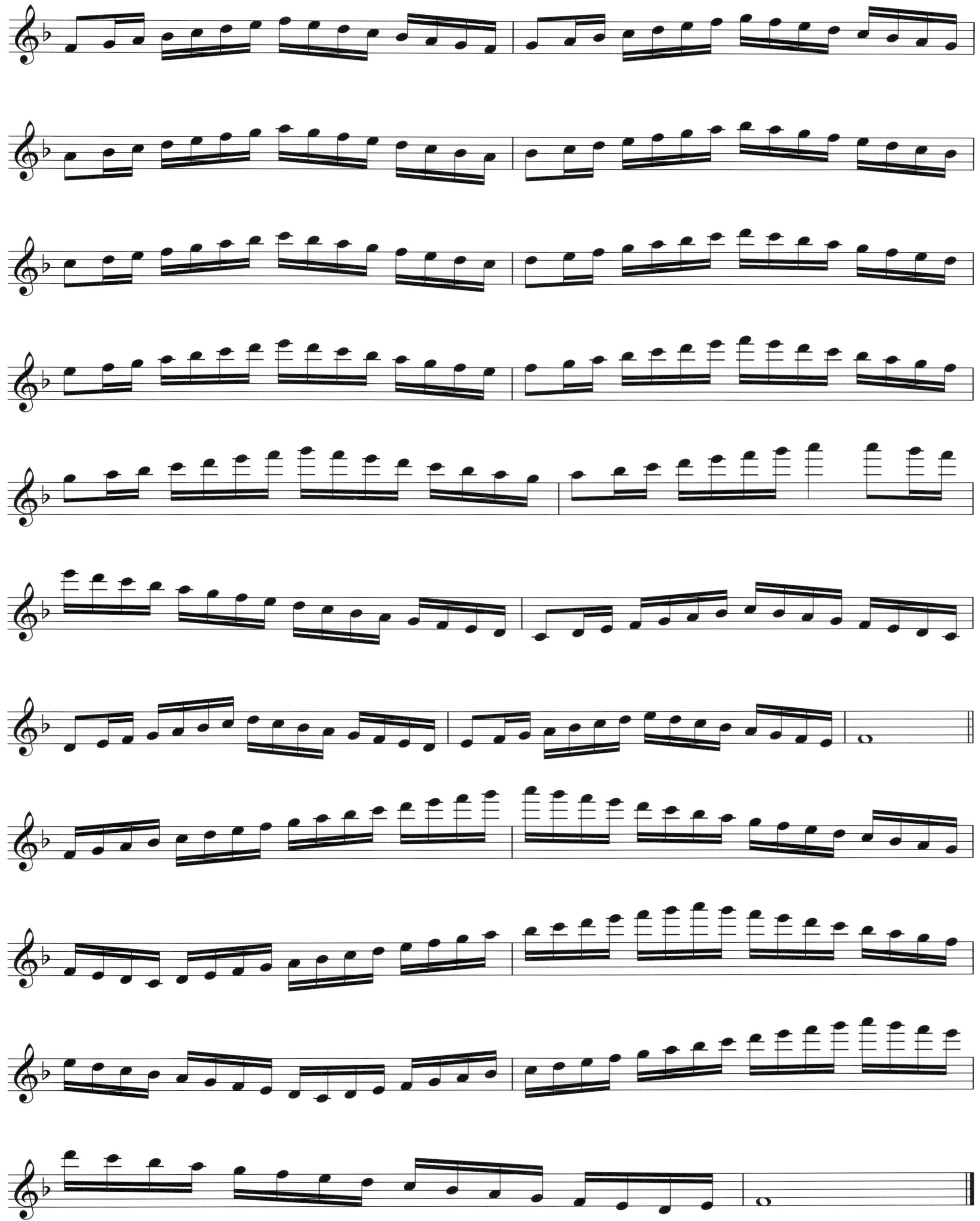

B-Dur / B♭ Major

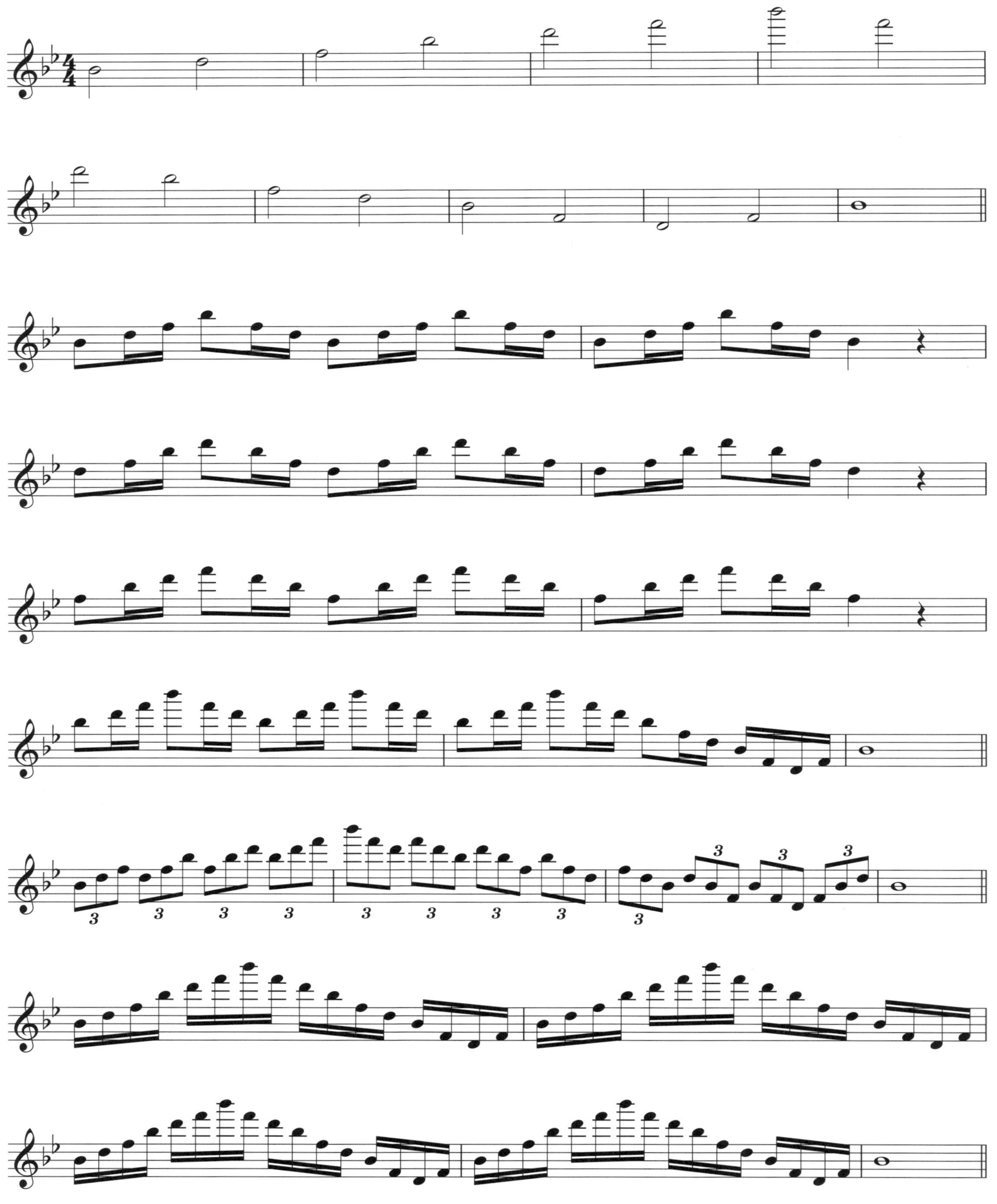

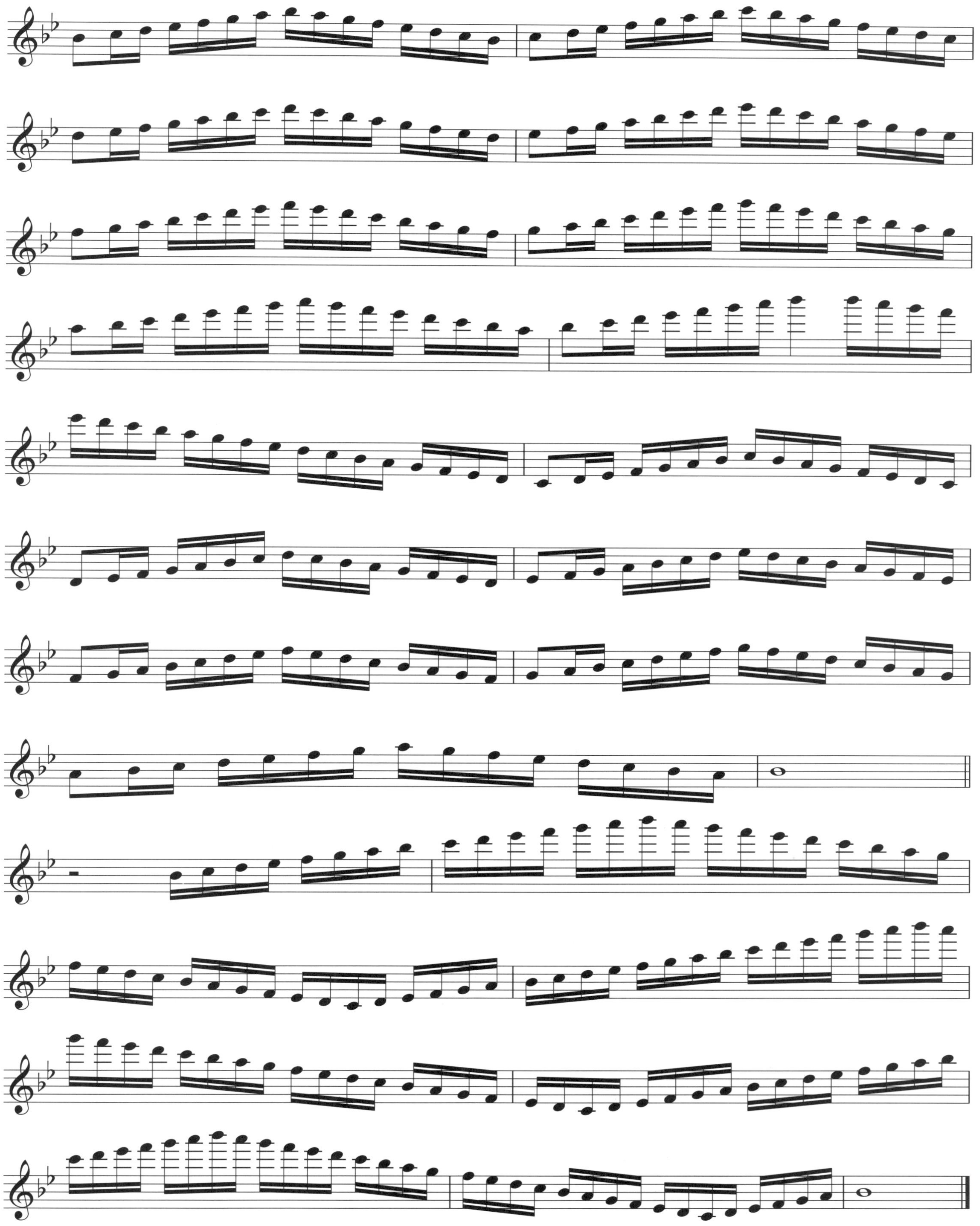

Es-Dur / E♭ Major

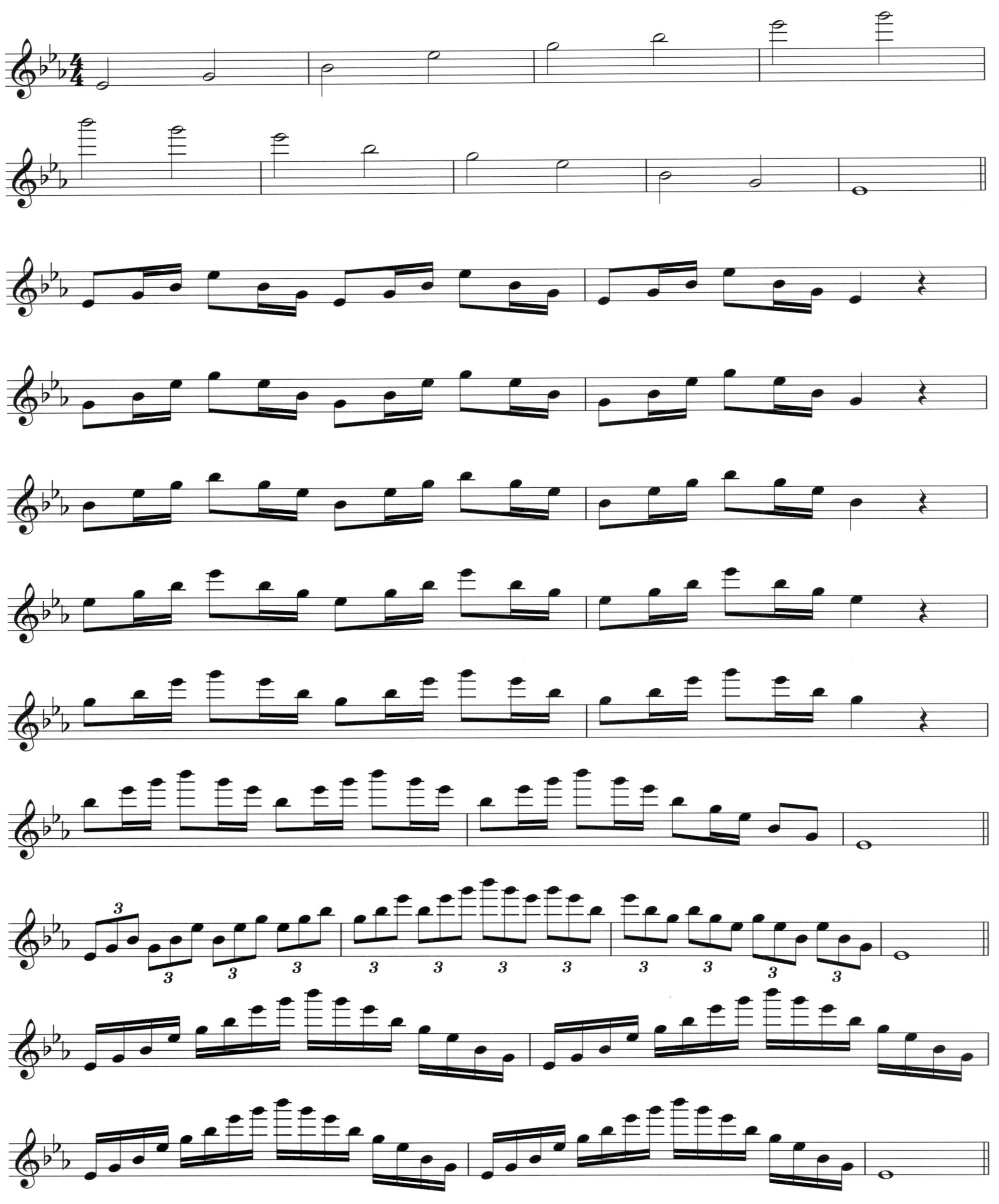

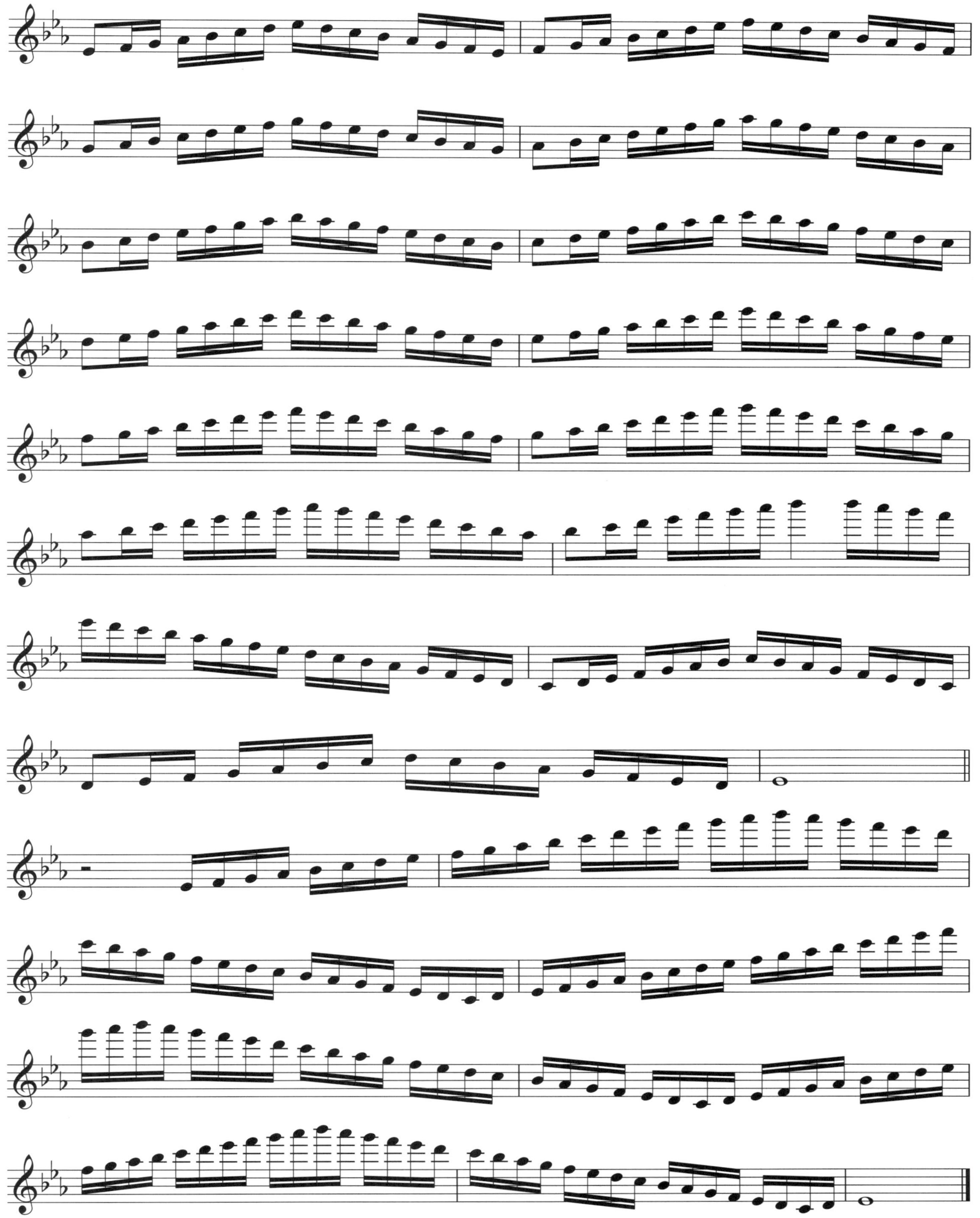

As-Dur / A♭ Major

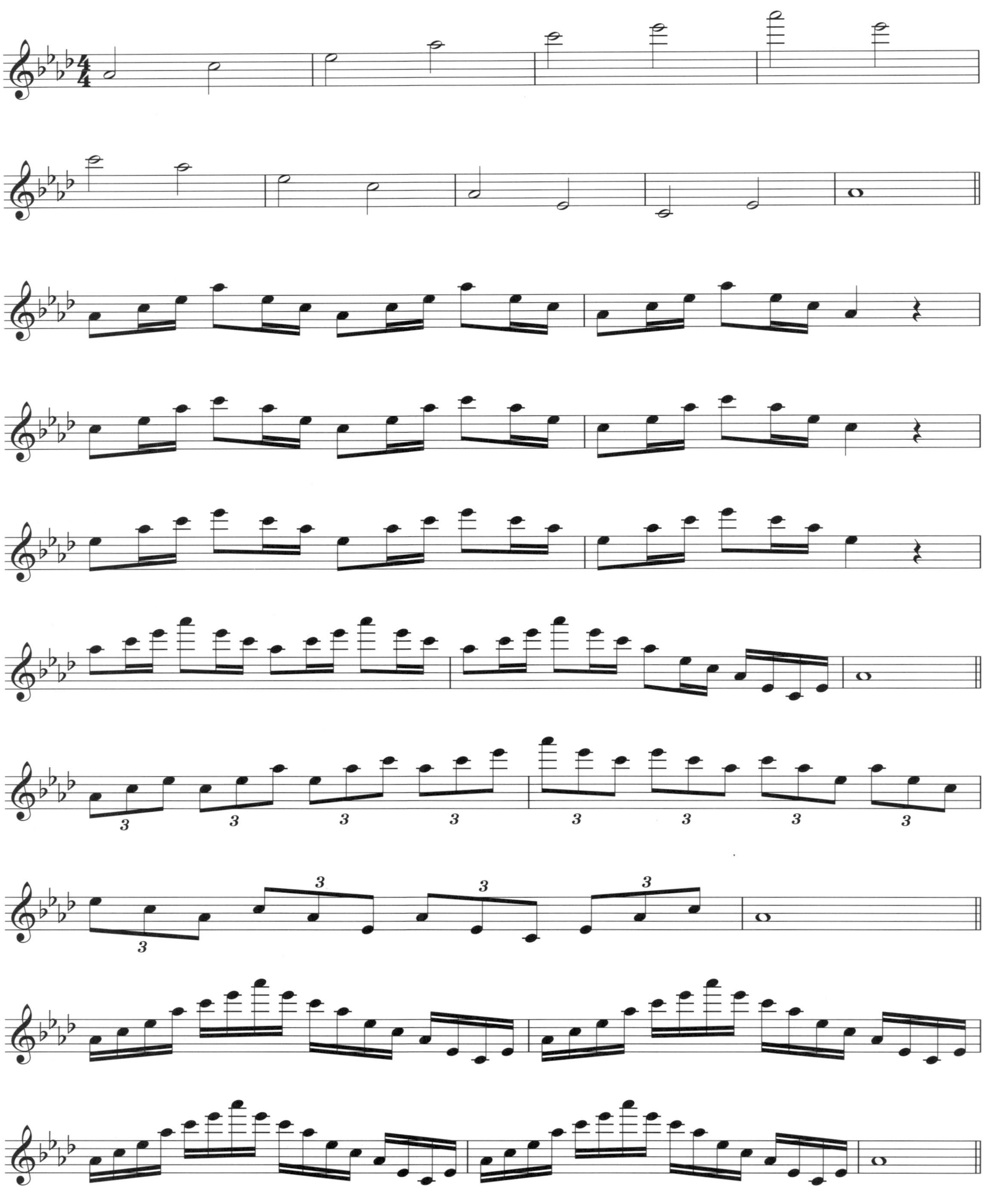

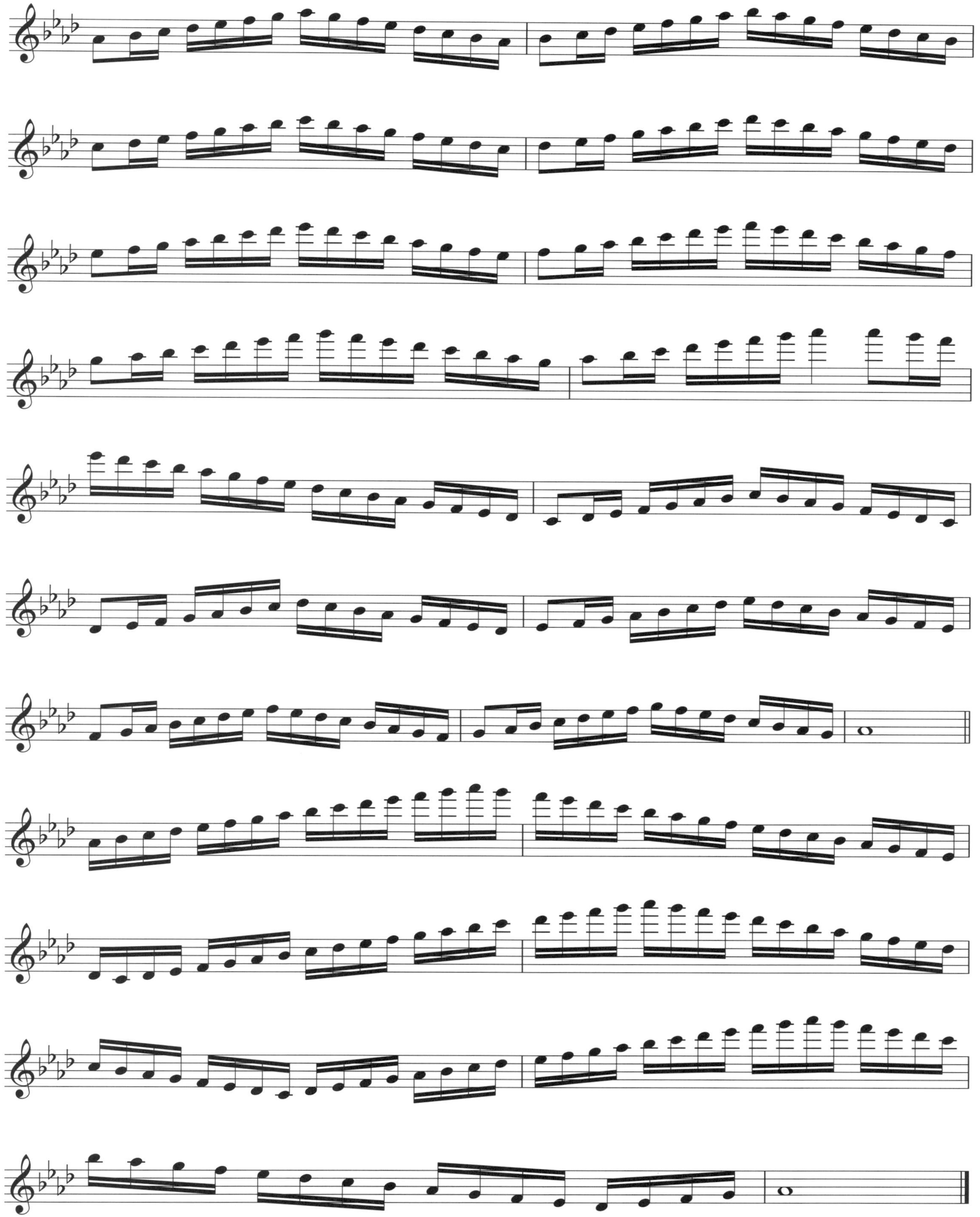

Des-Dur / D♭ Major

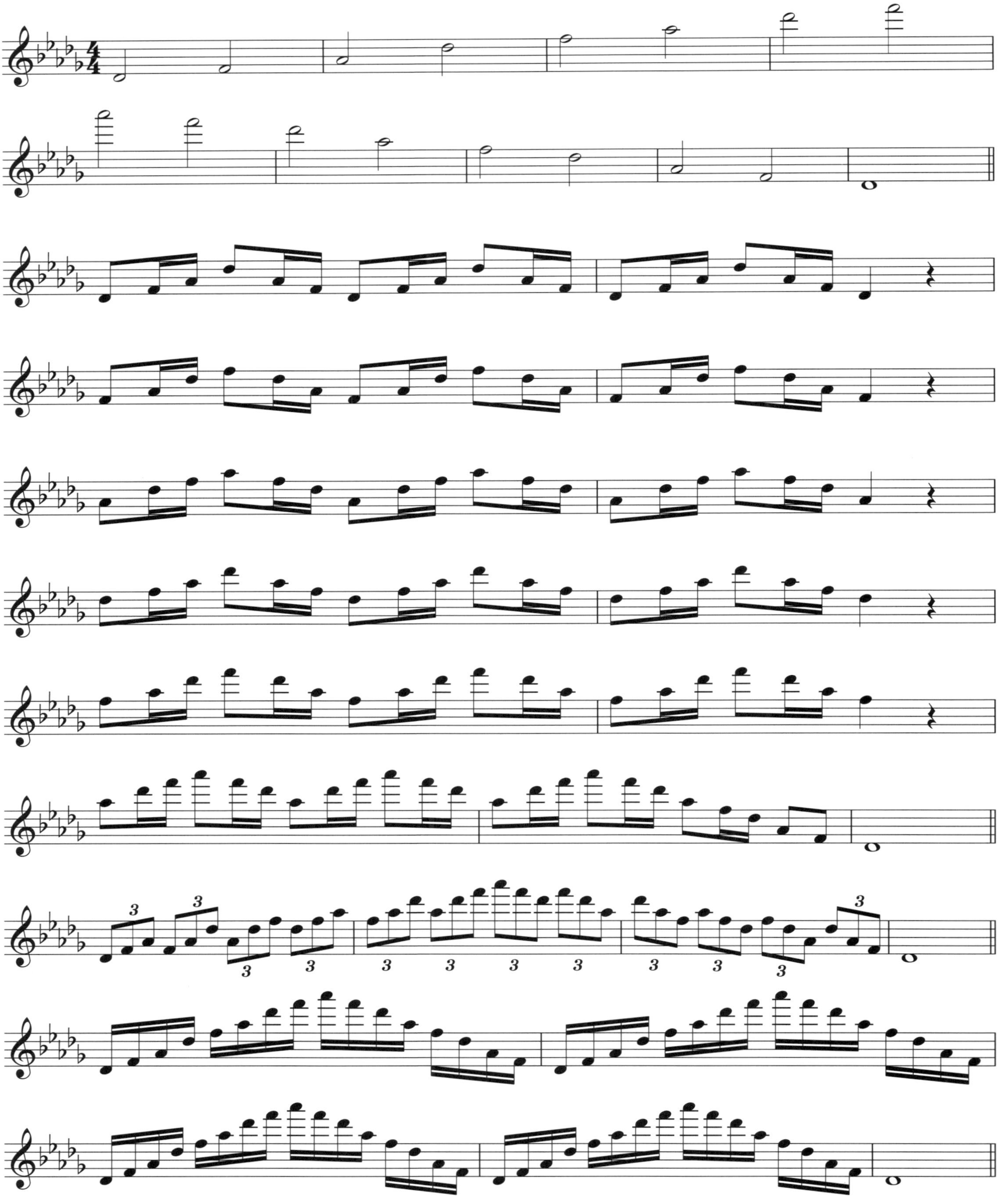

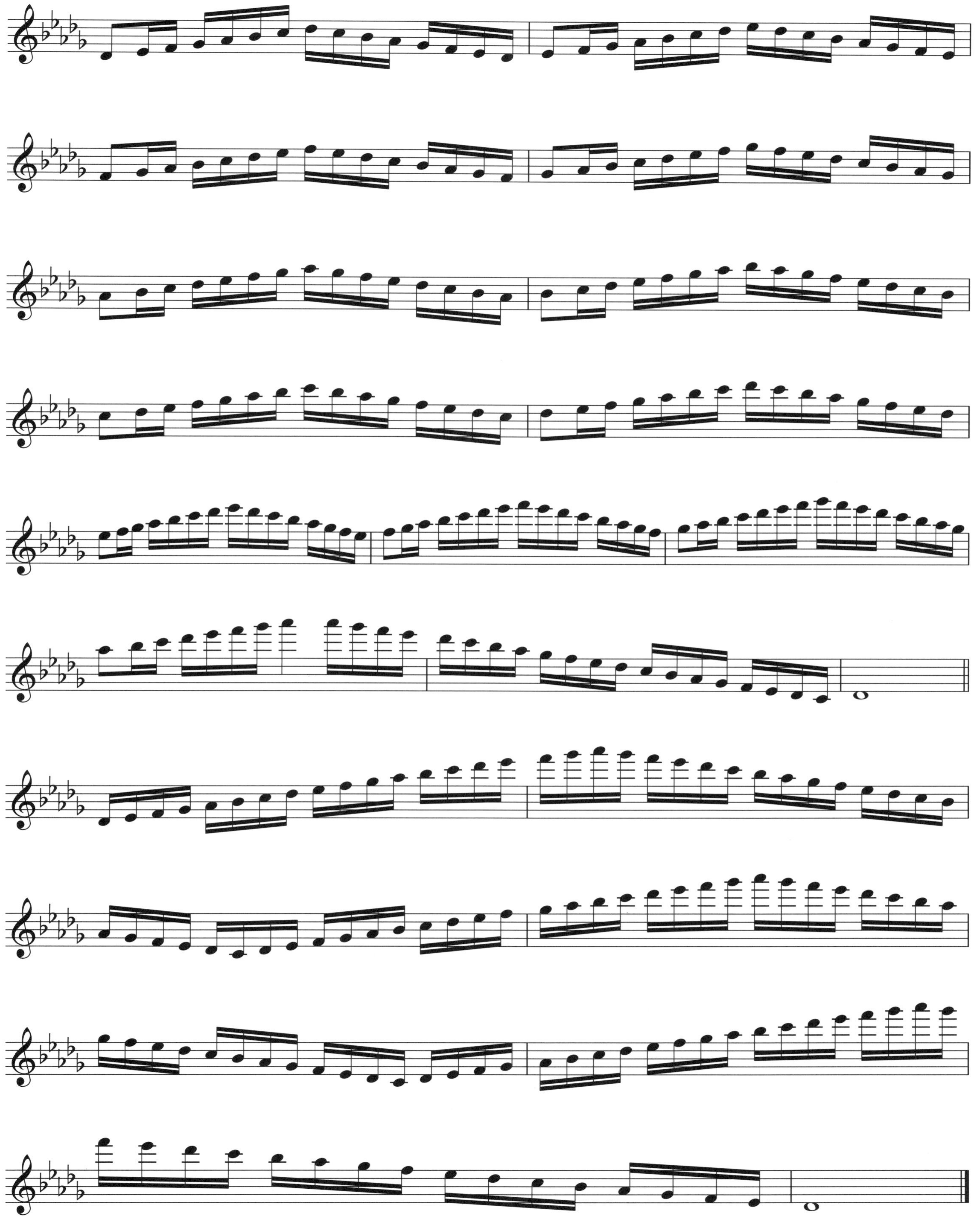

Ges-Dur / G♭ Major

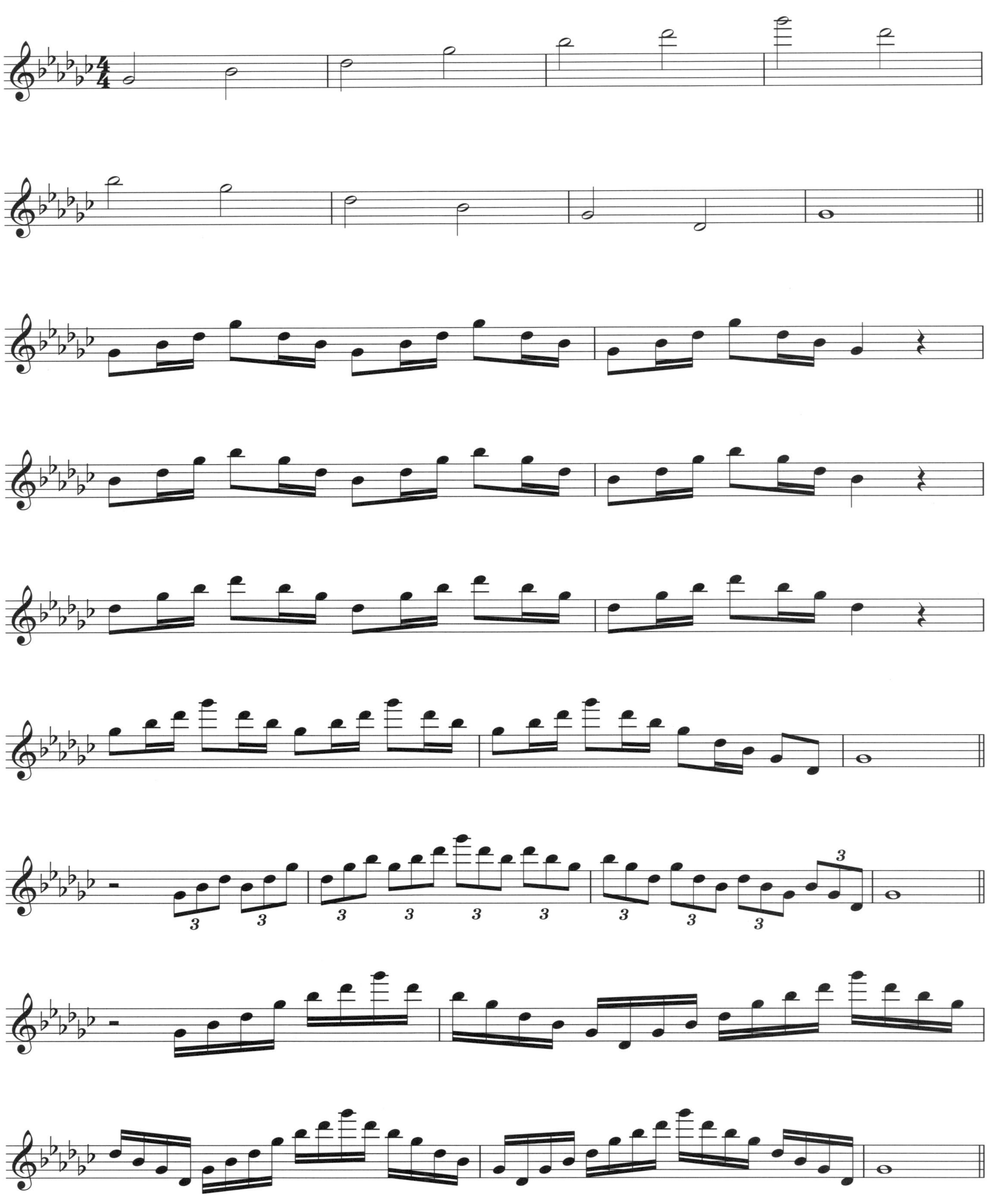

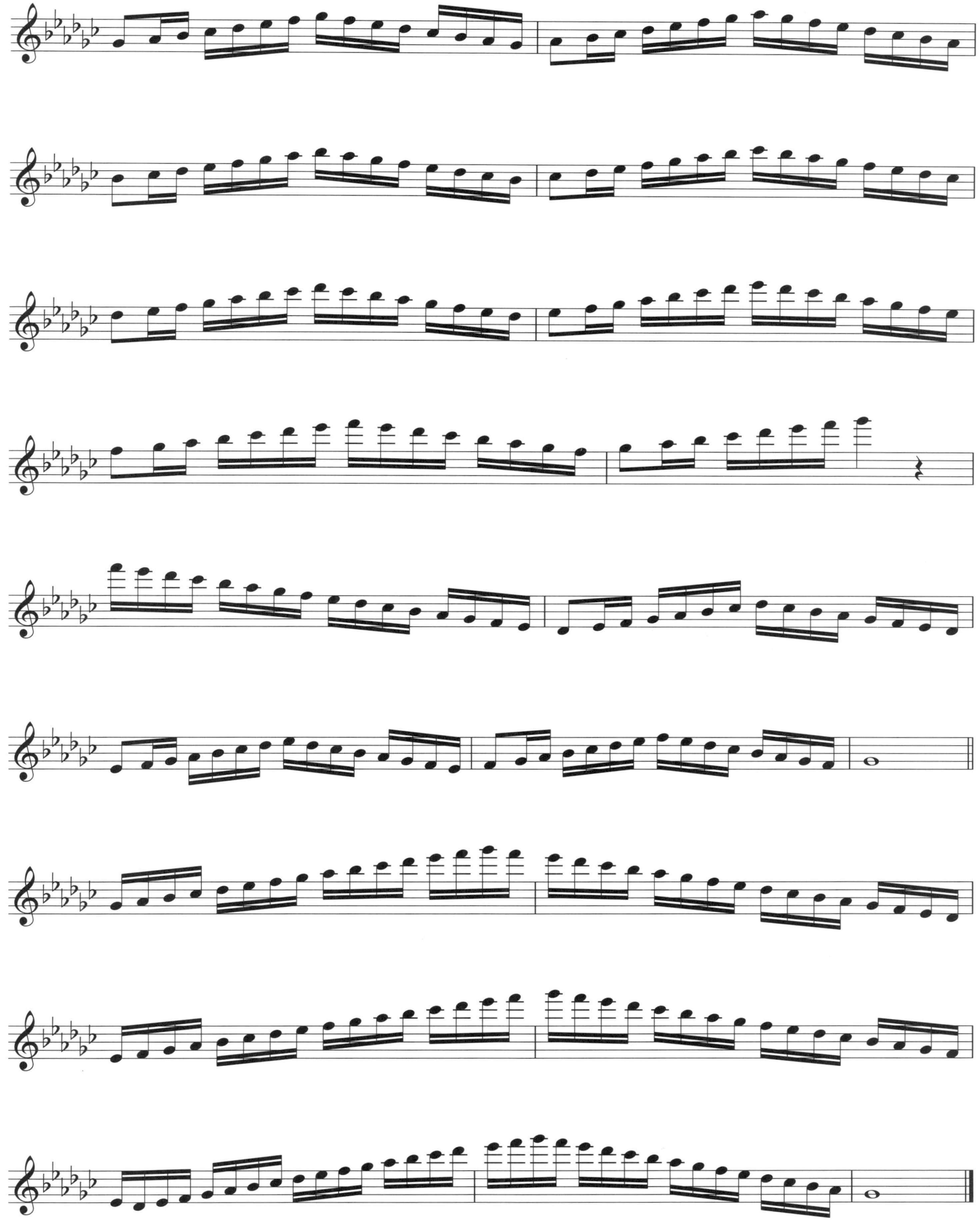

C-Dur / C Major

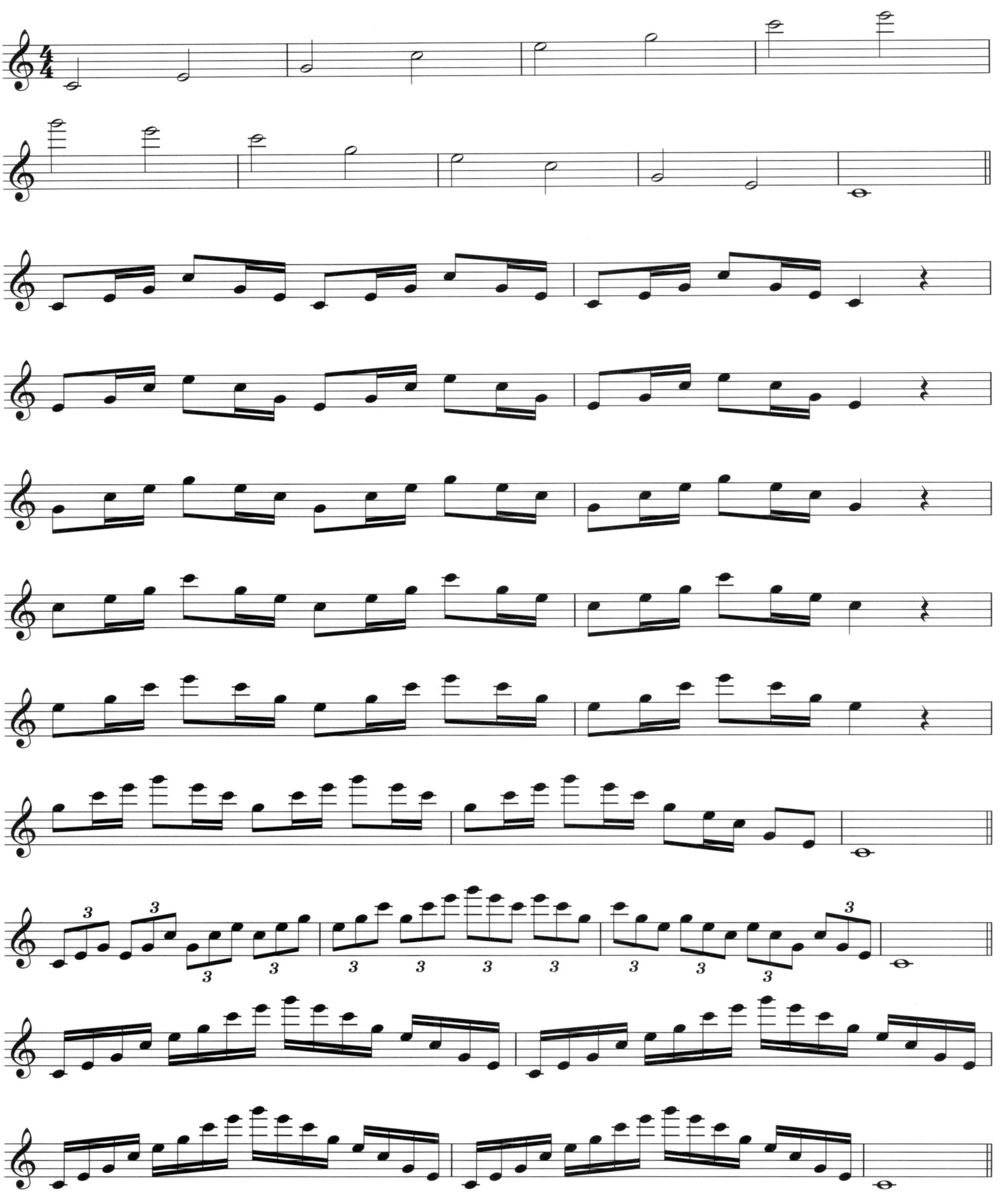

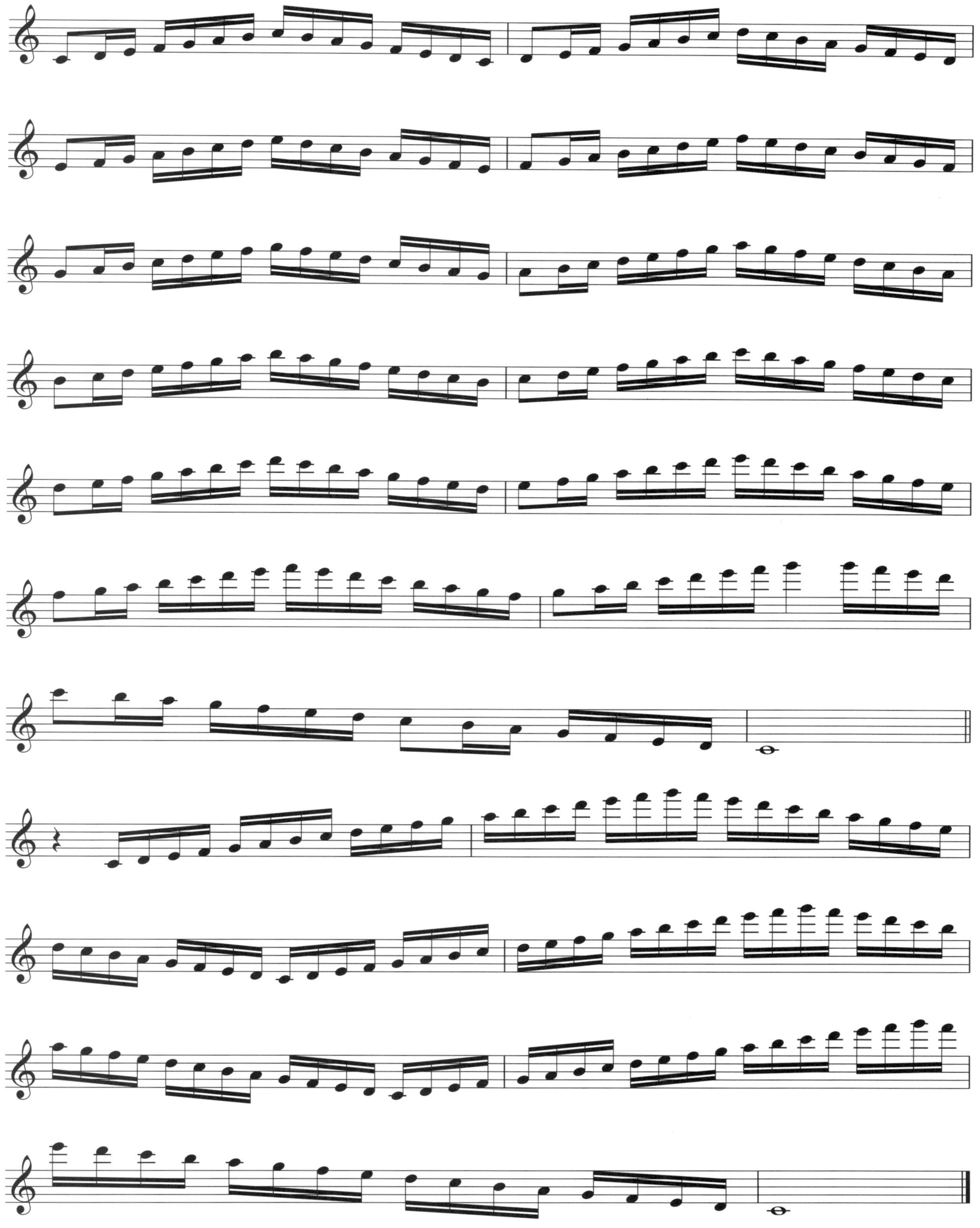

G-Dur / G Major

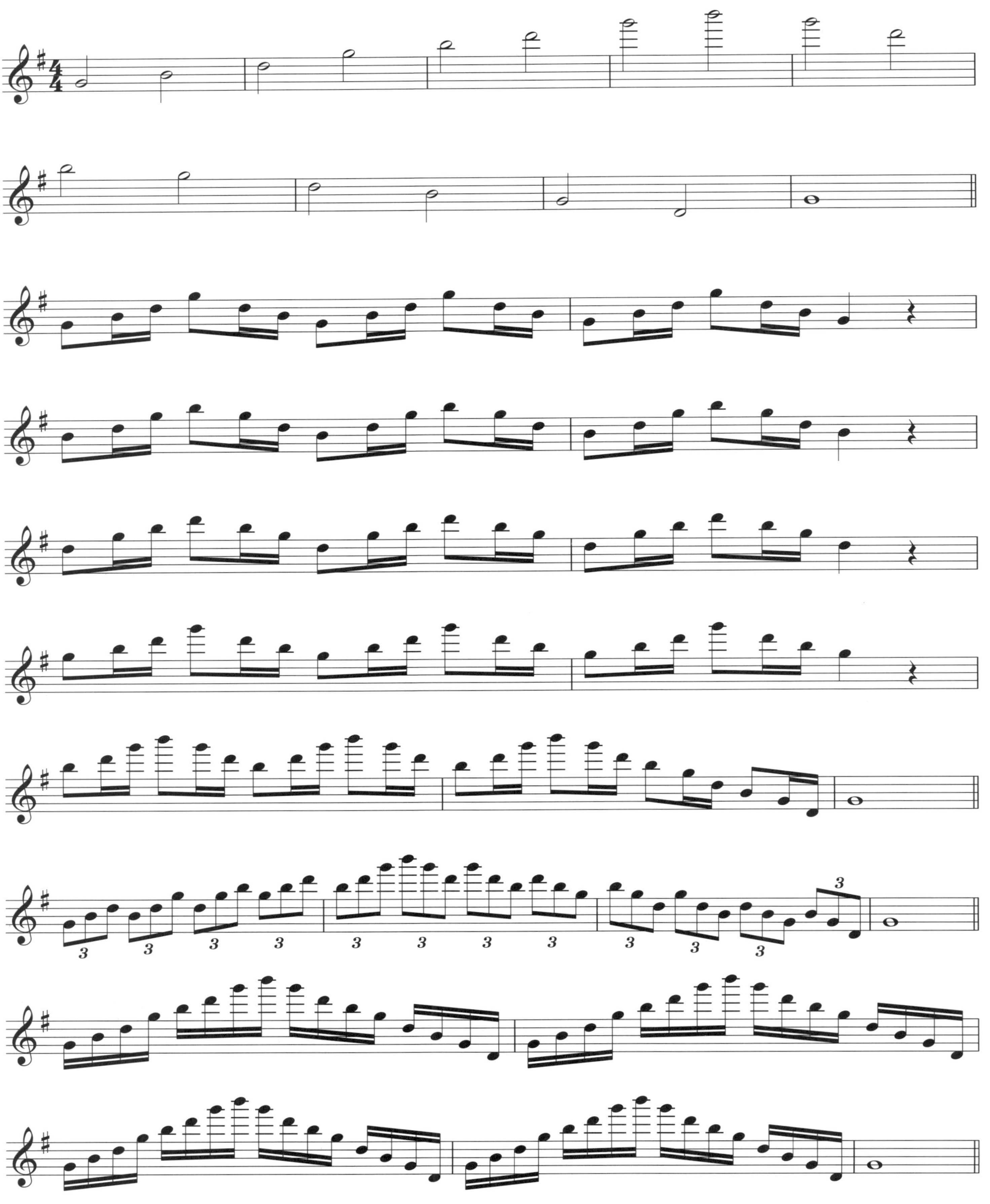

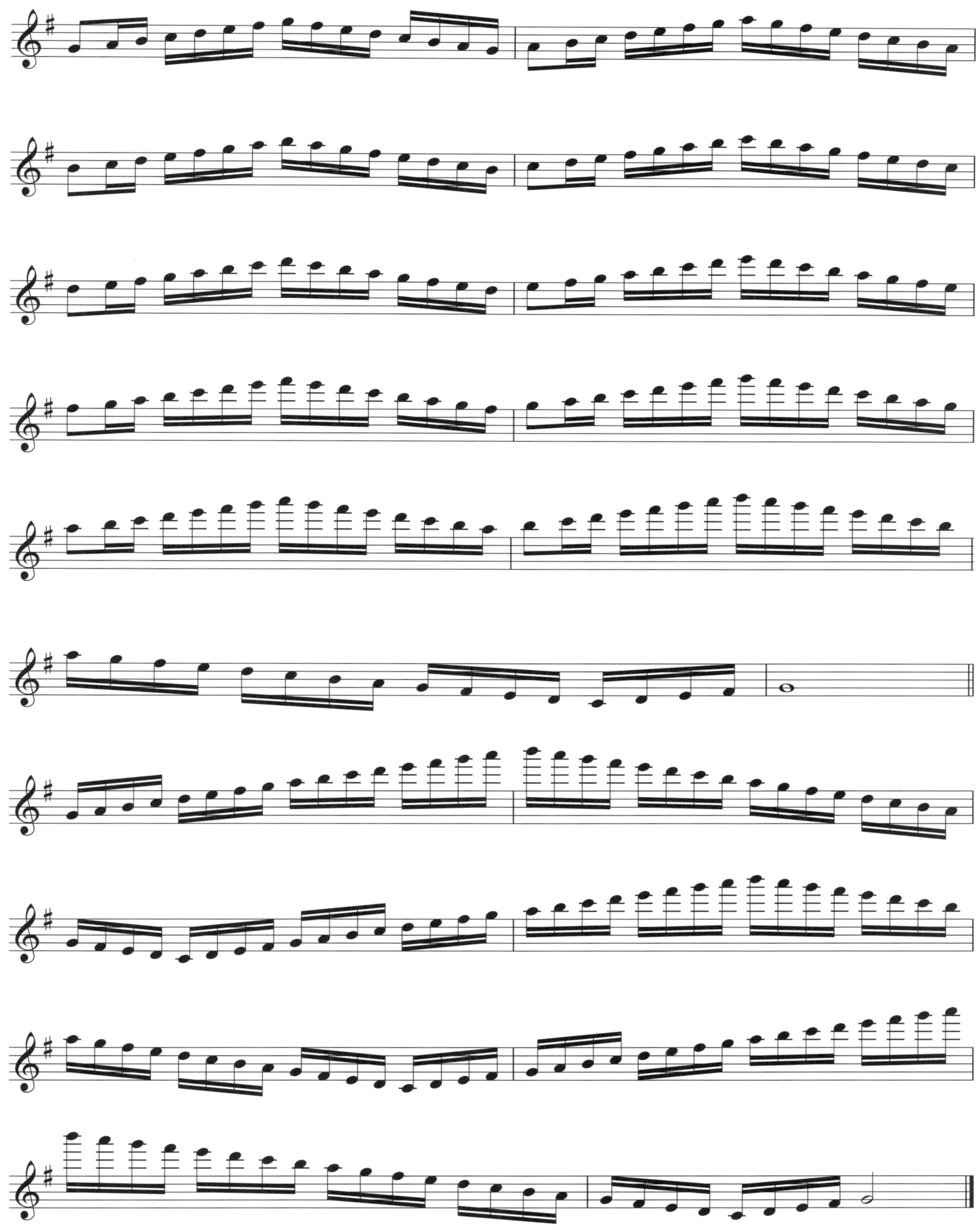

D-Dur / D Major

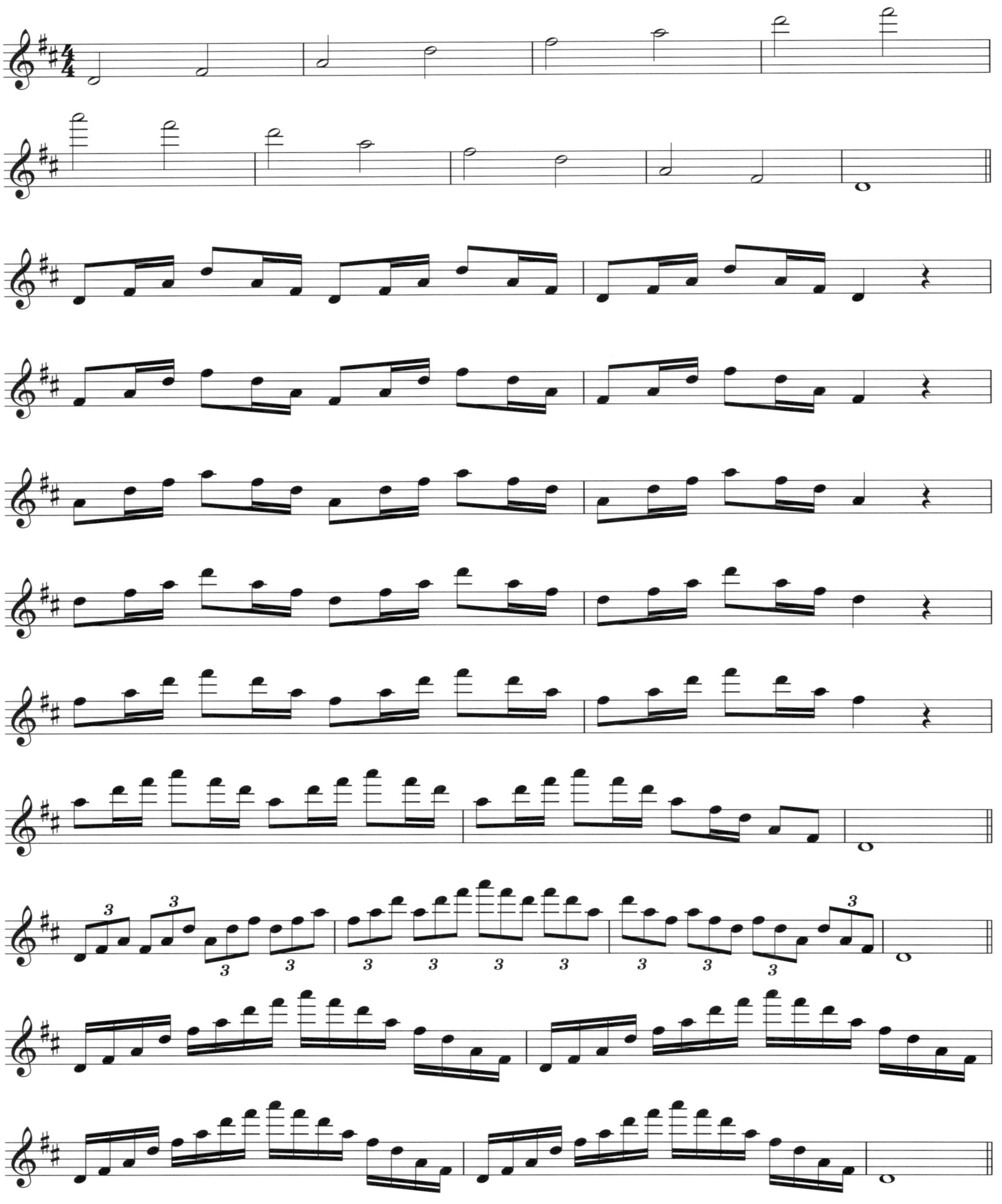

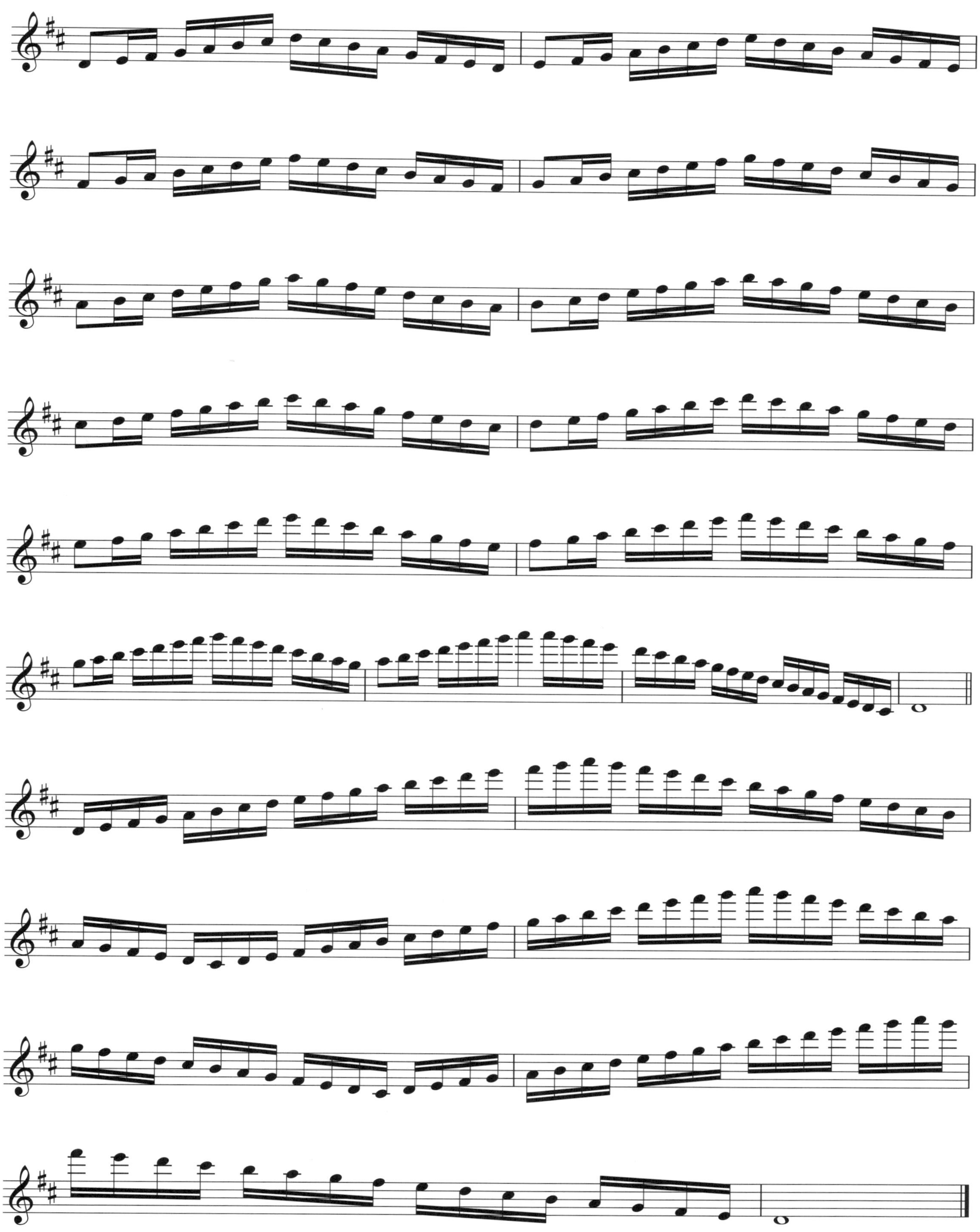

A-Dur / A Major

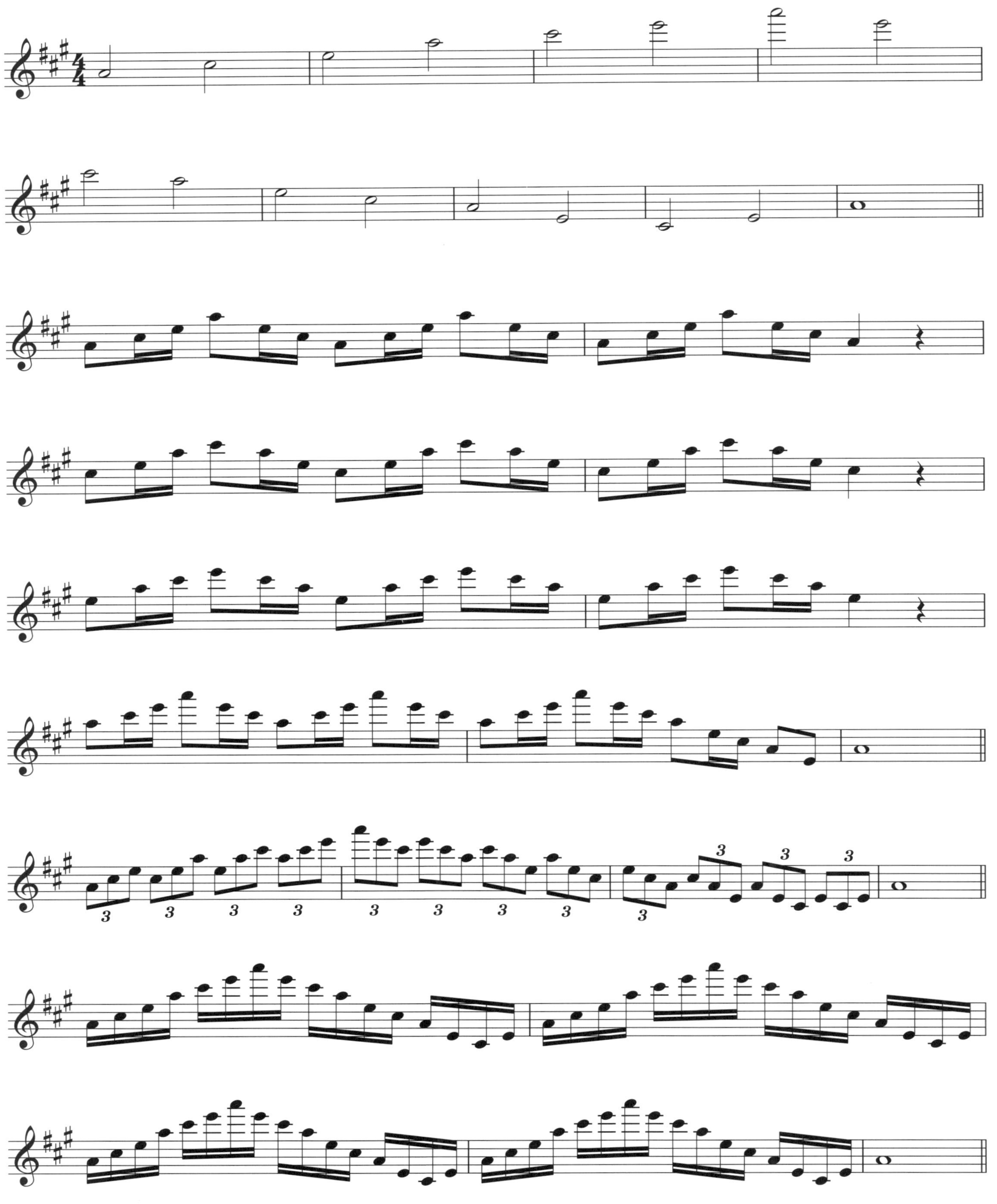

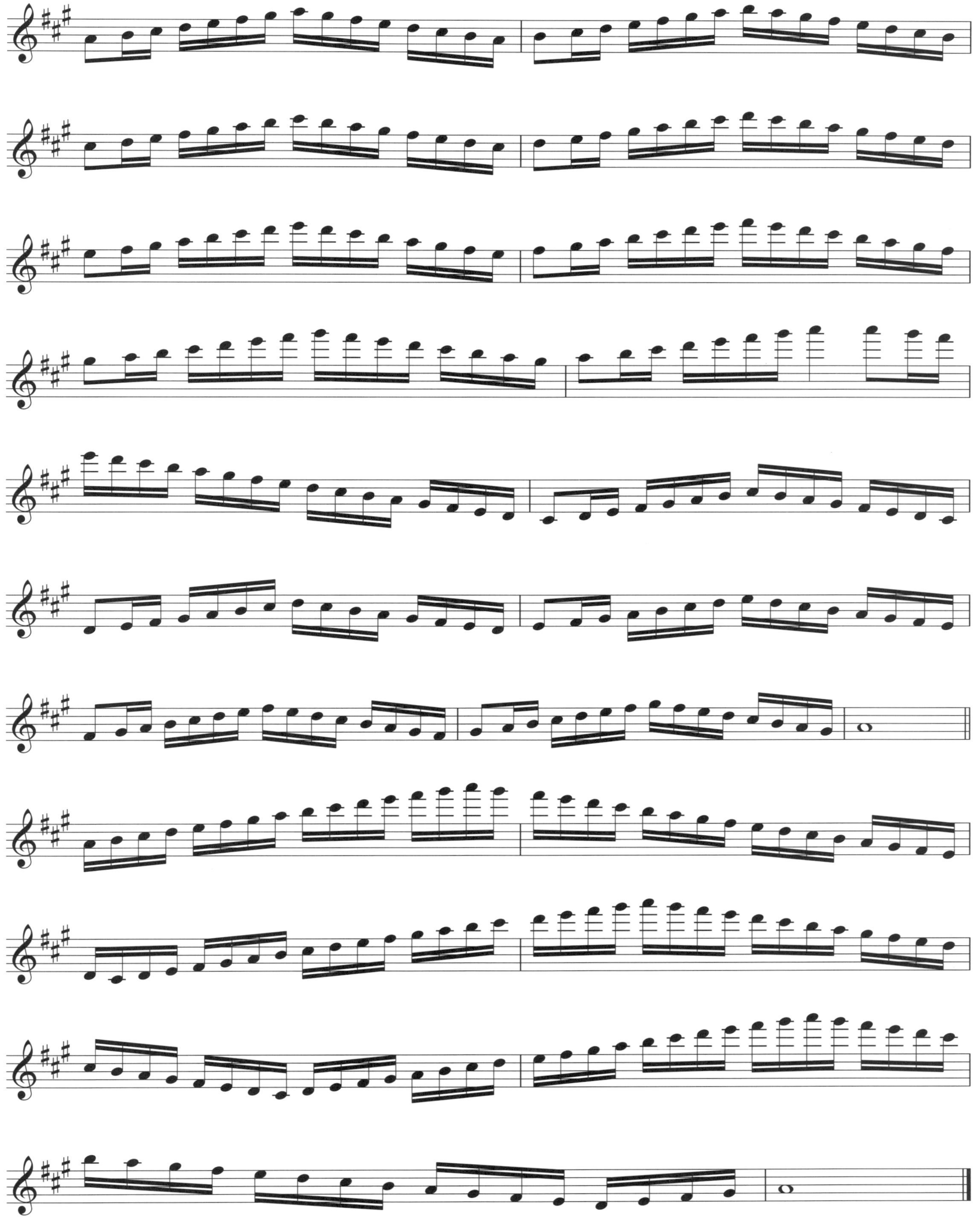

E-Dur / E Major

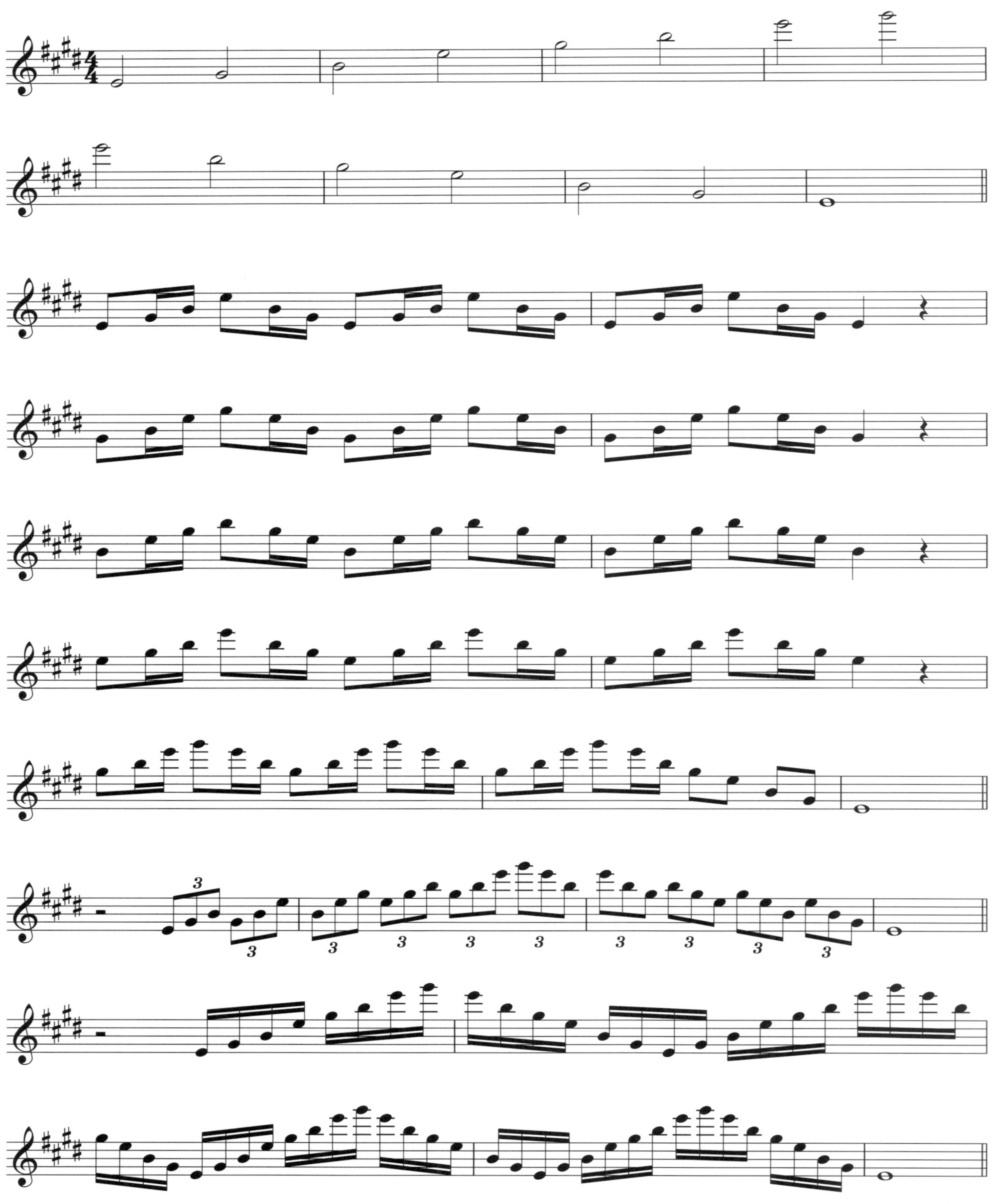

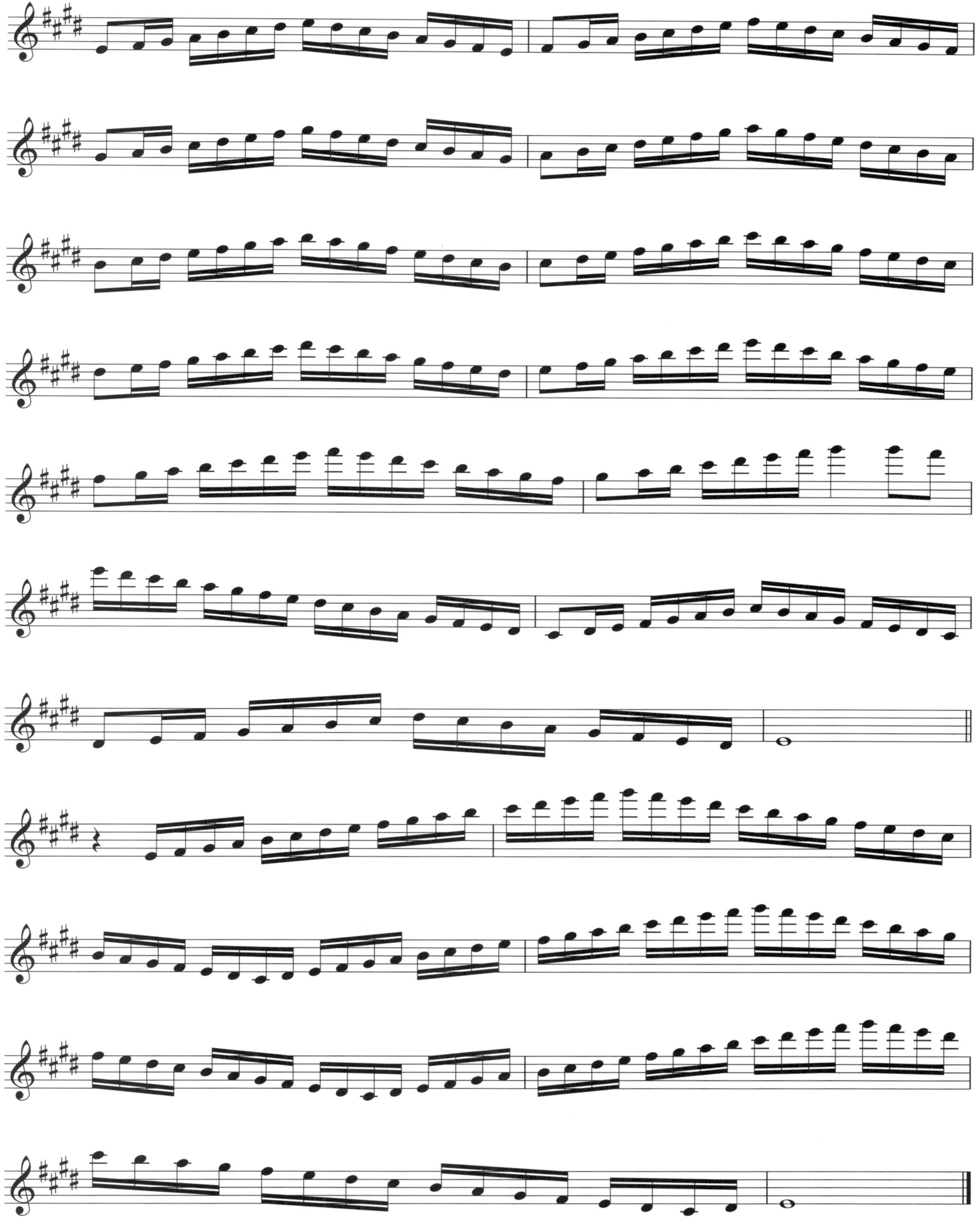

H-Dur / B Major

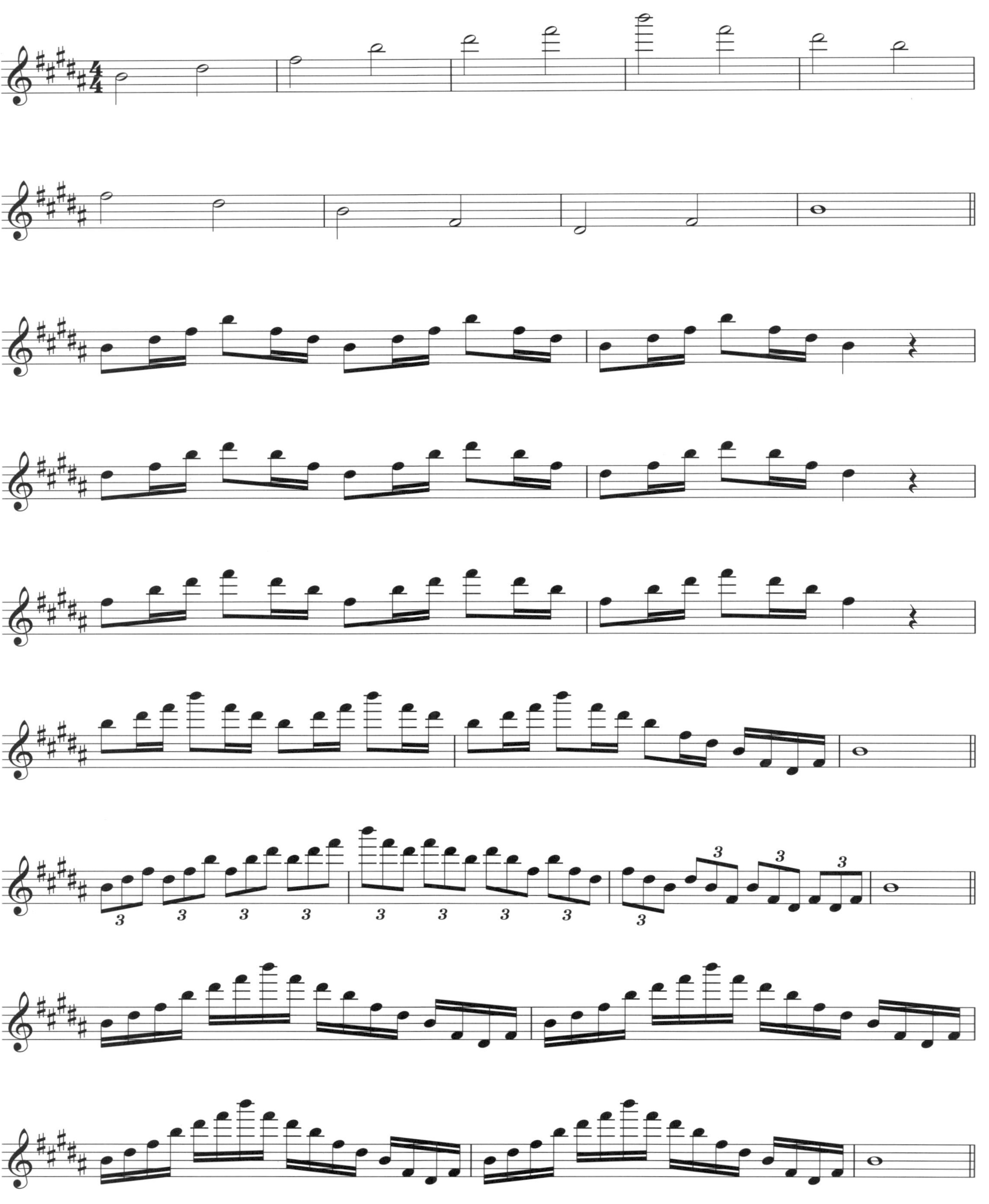

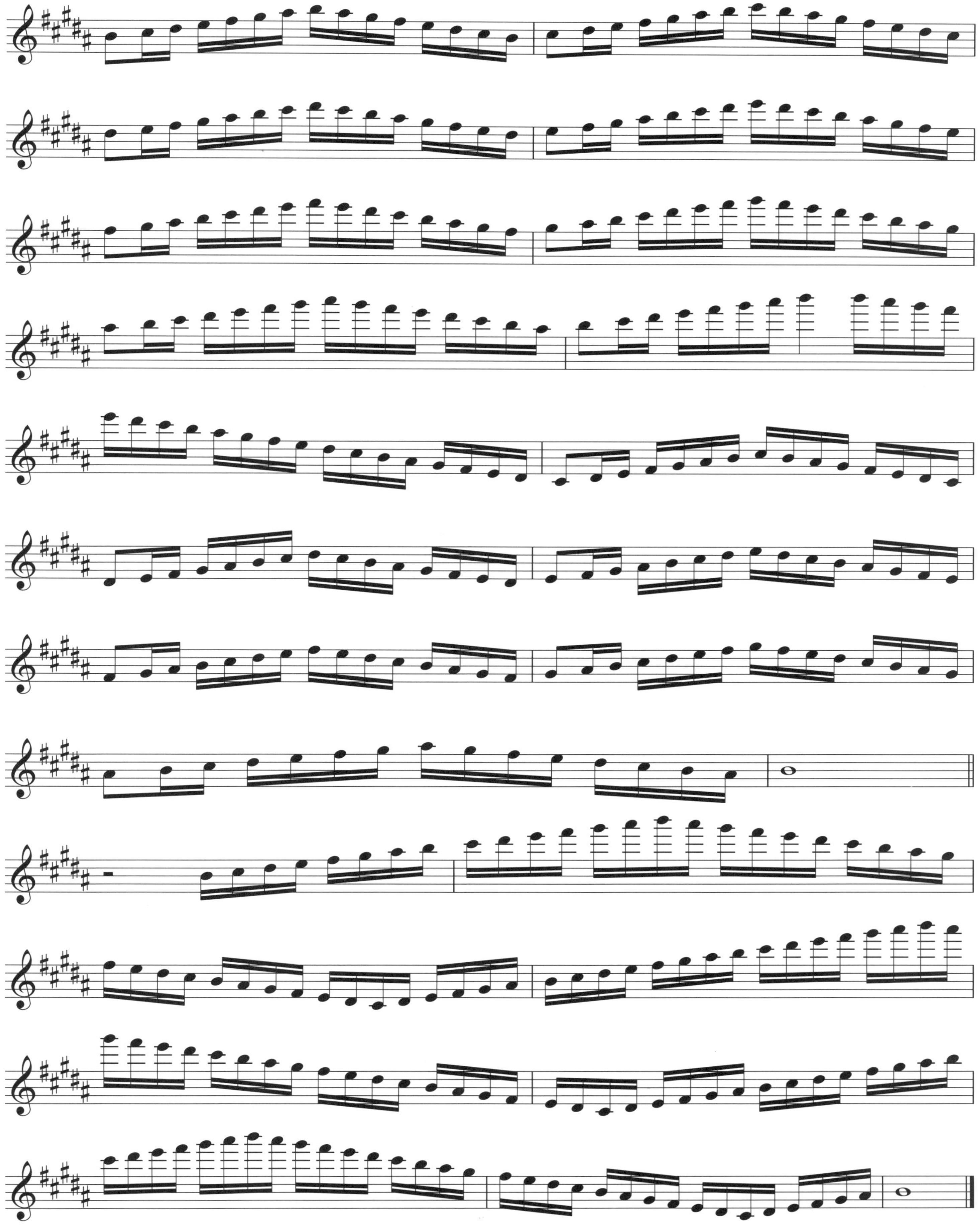

Fis-Dur / F♯ Major

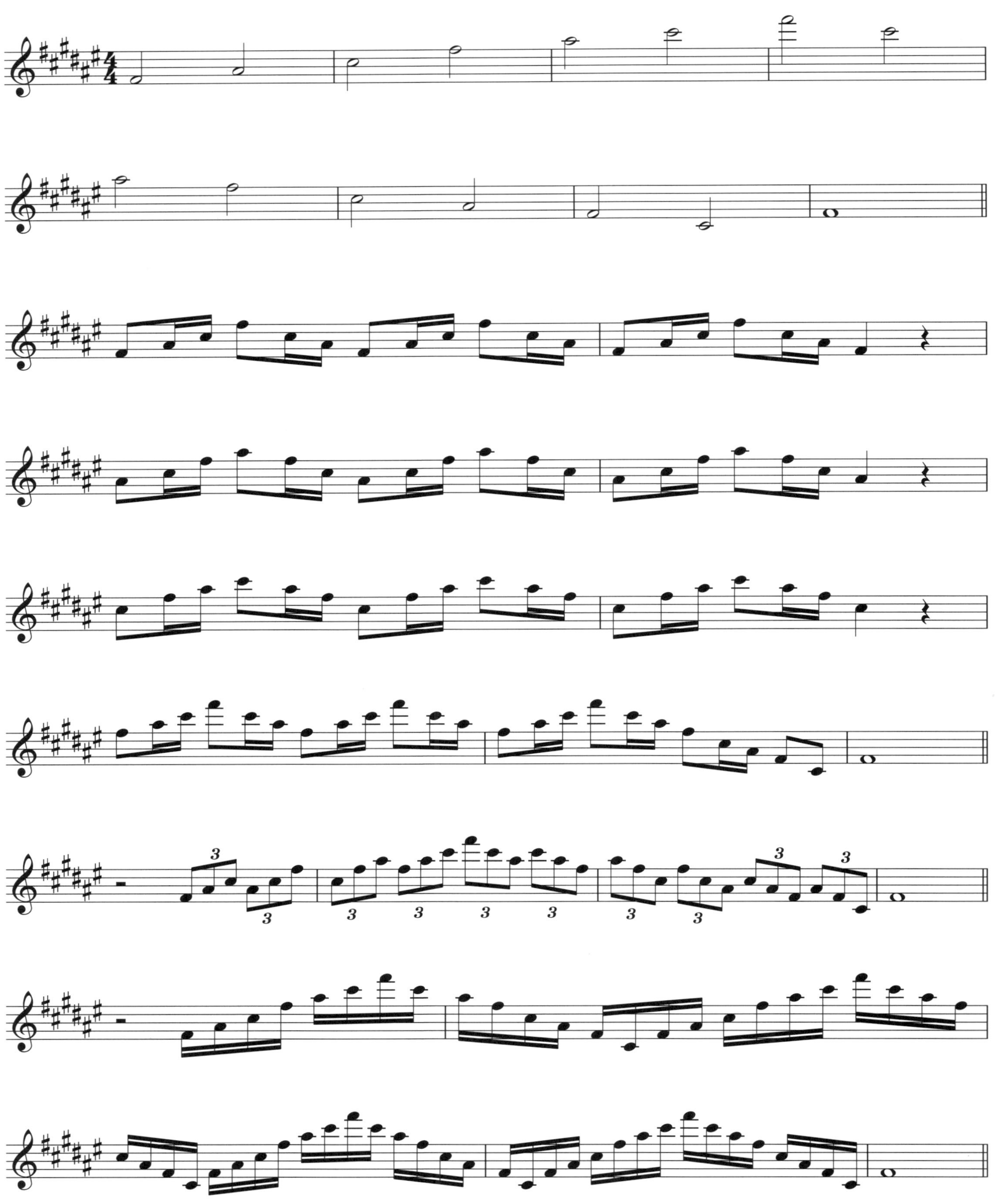

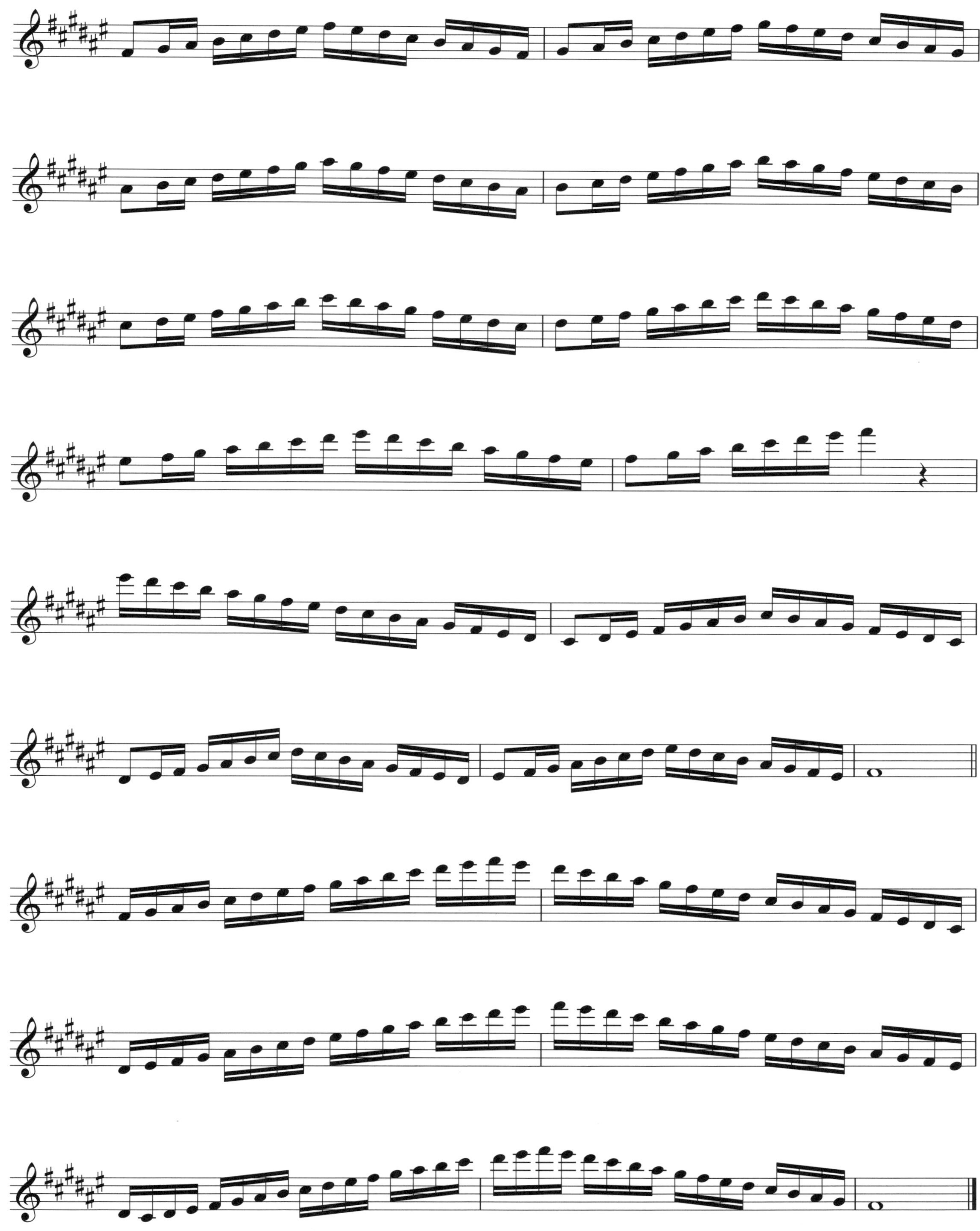

d-Moll / D Minor

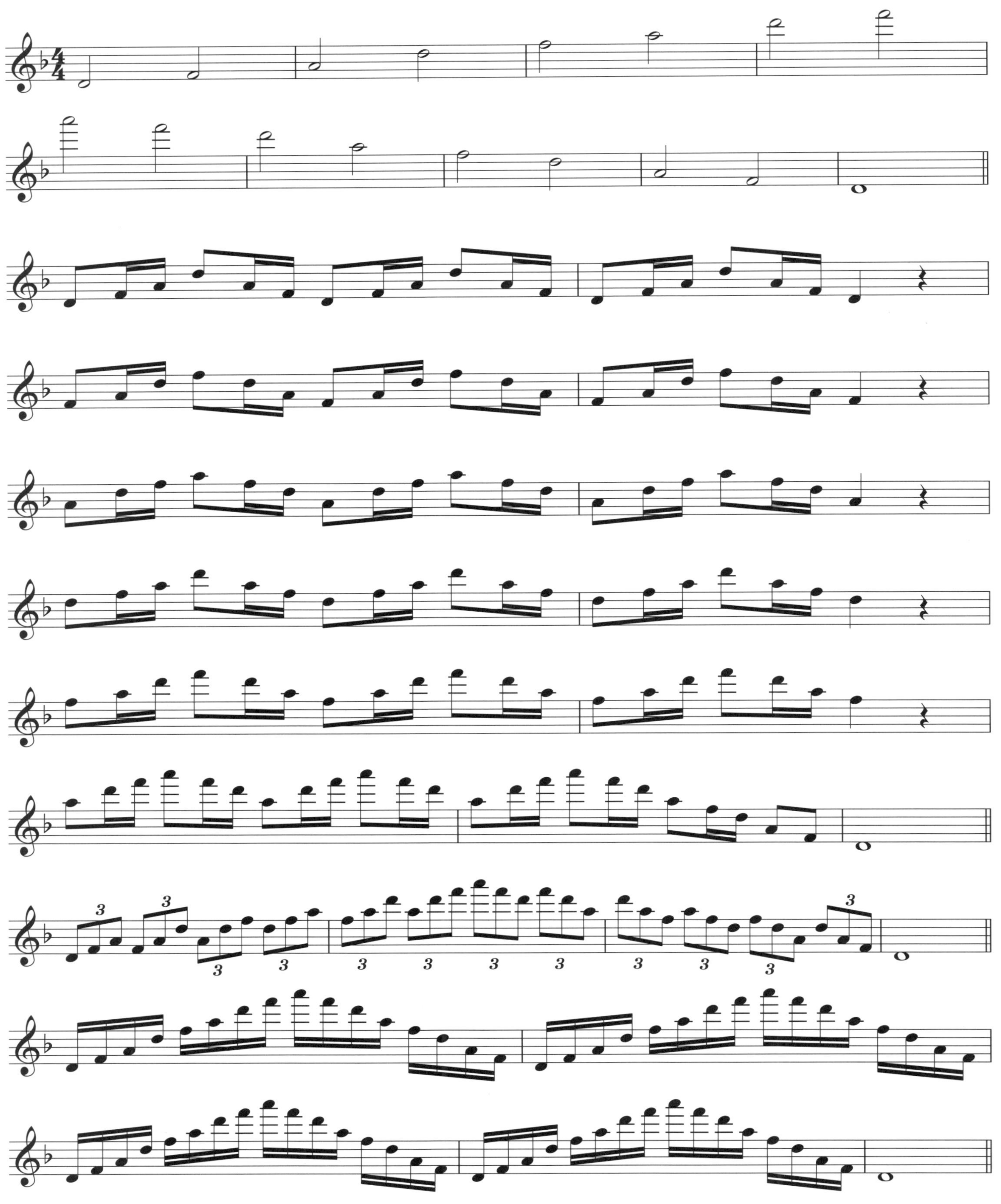

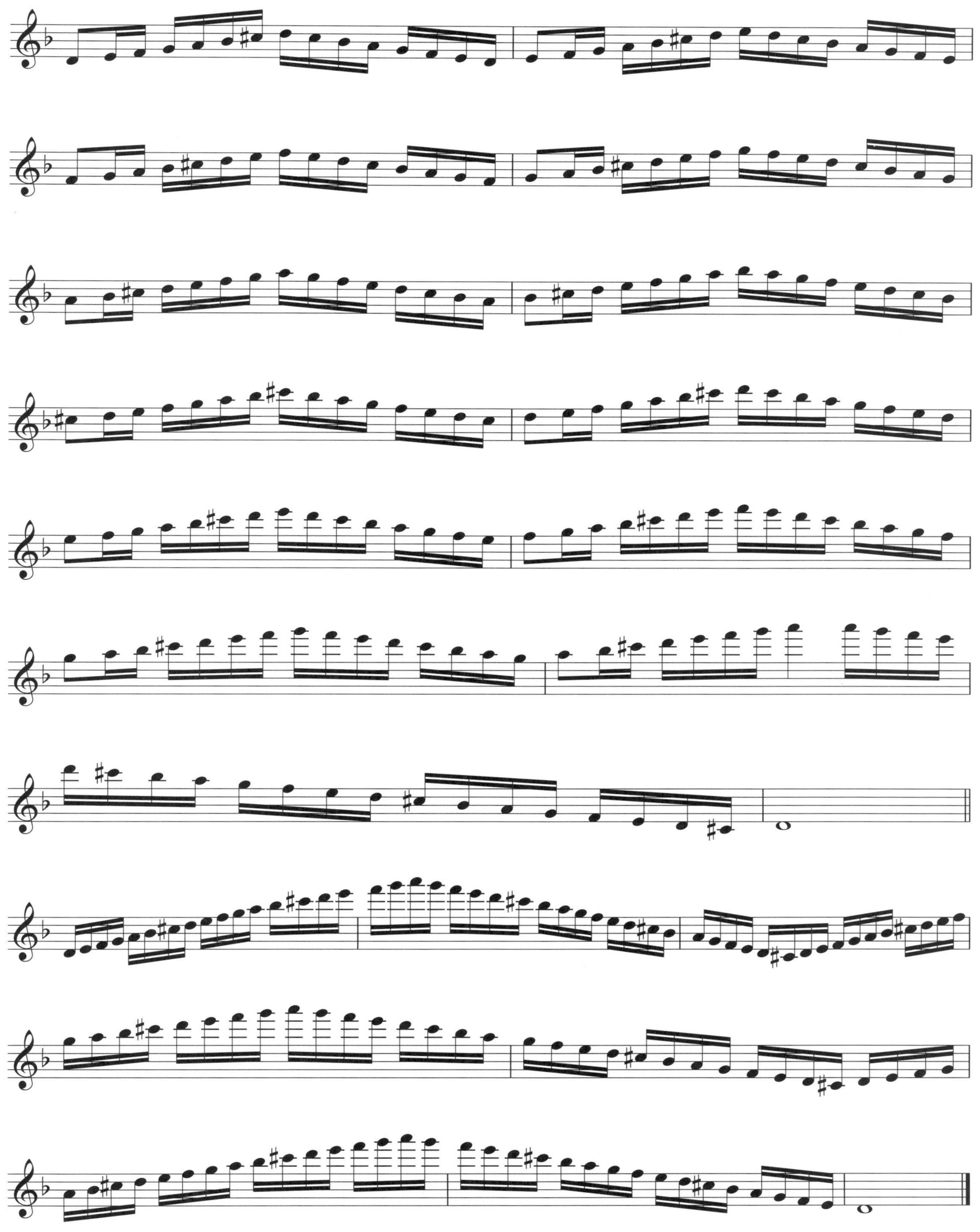

g-Moll / G Minor

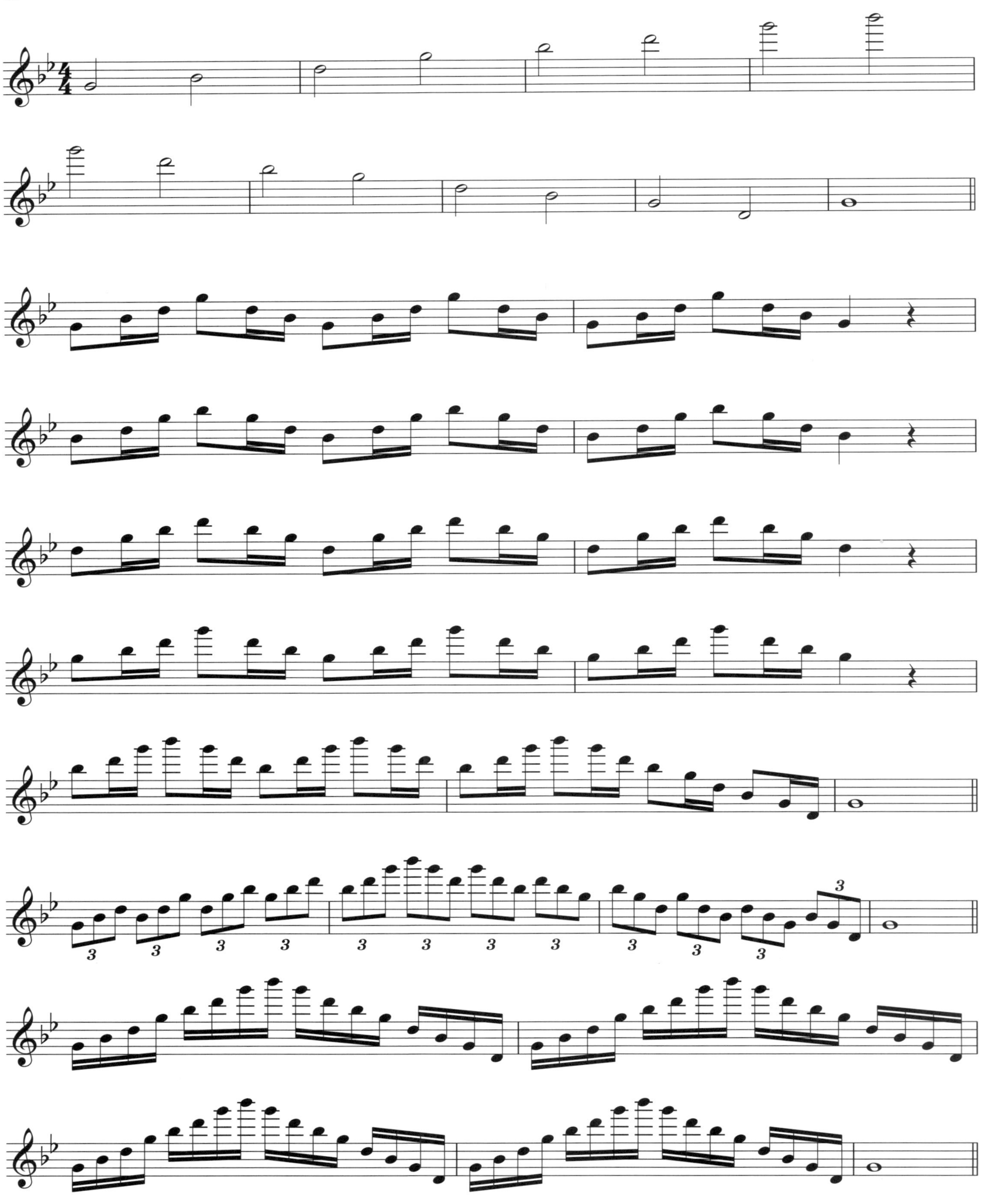

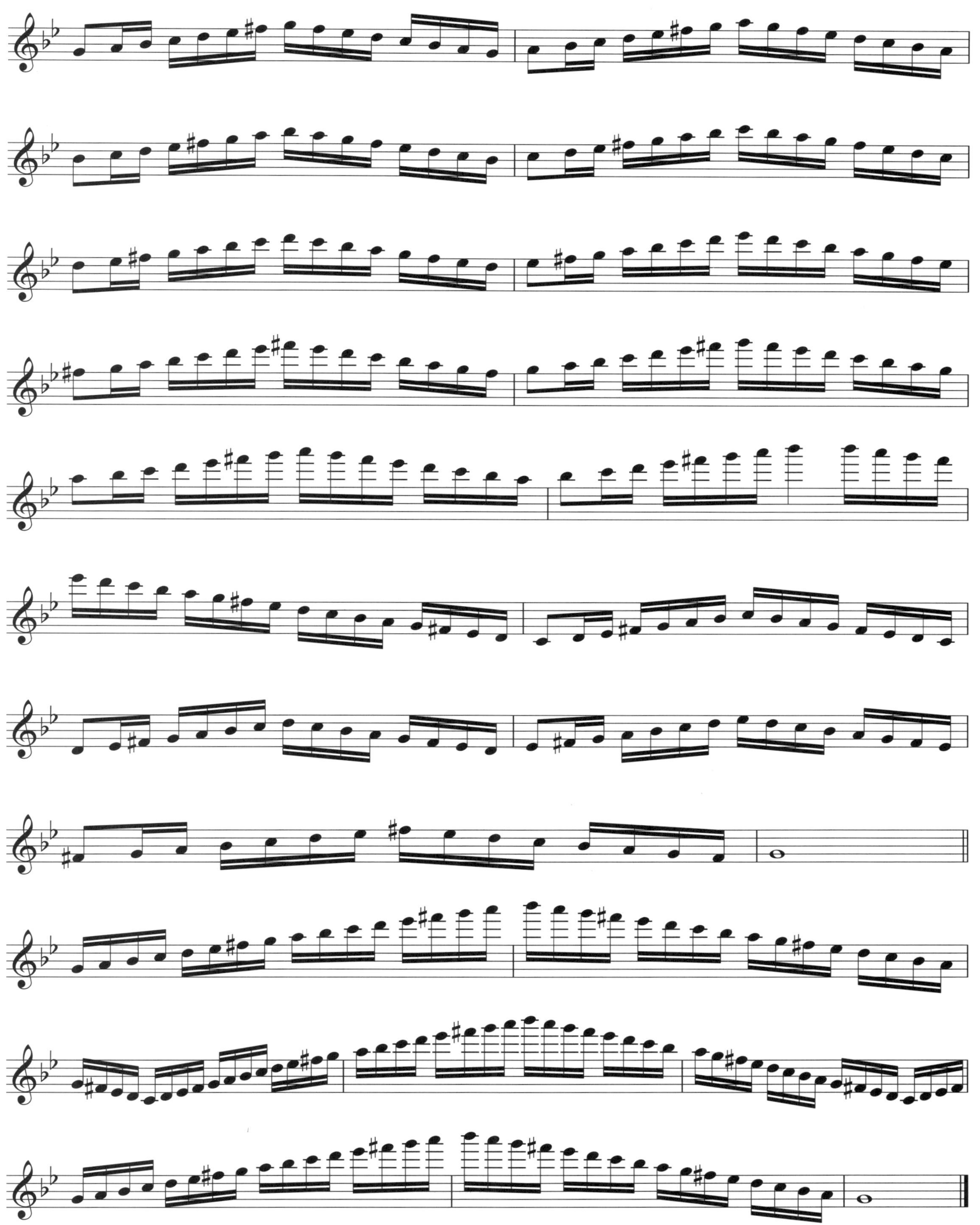

c-Moll / C Minor

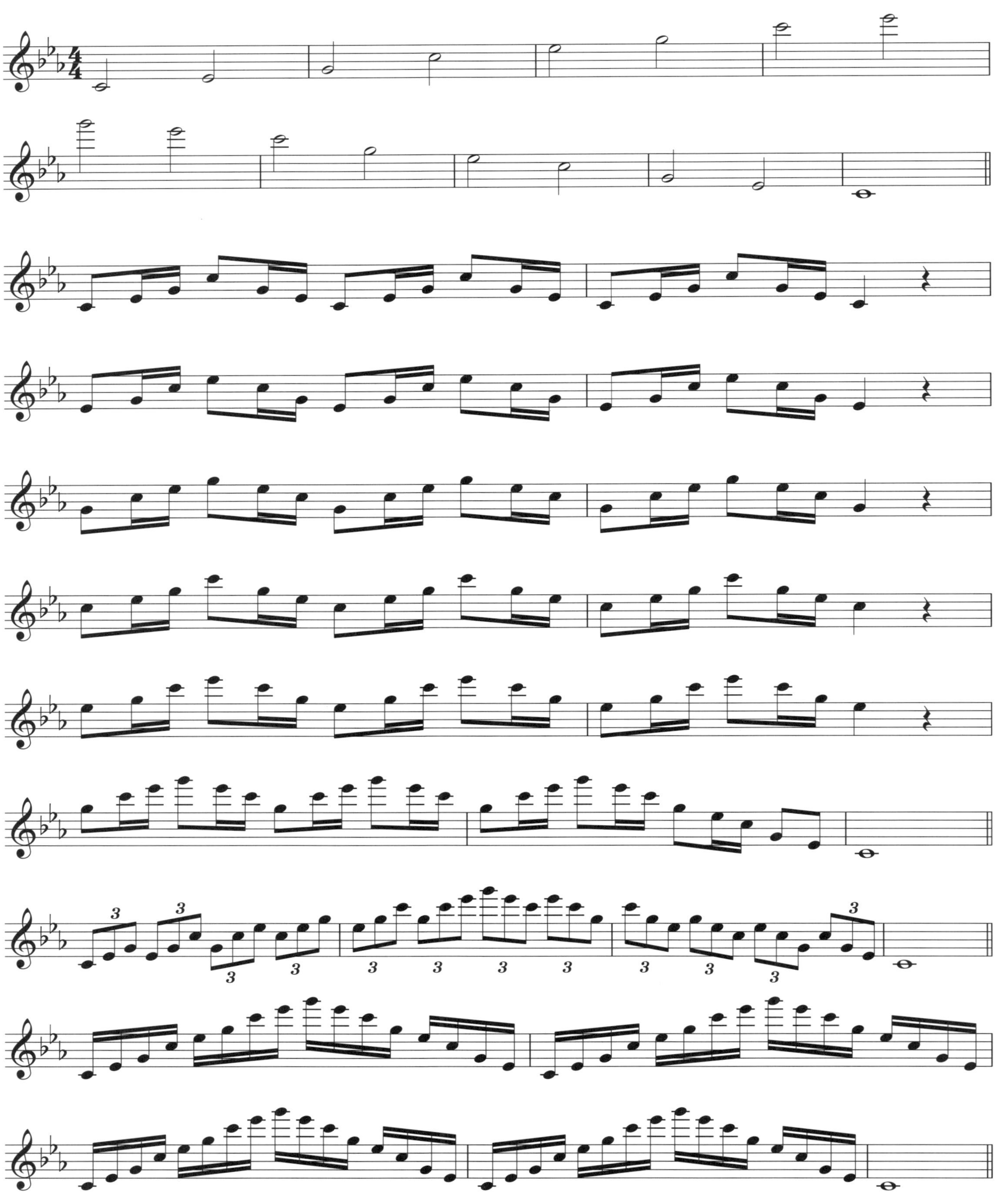

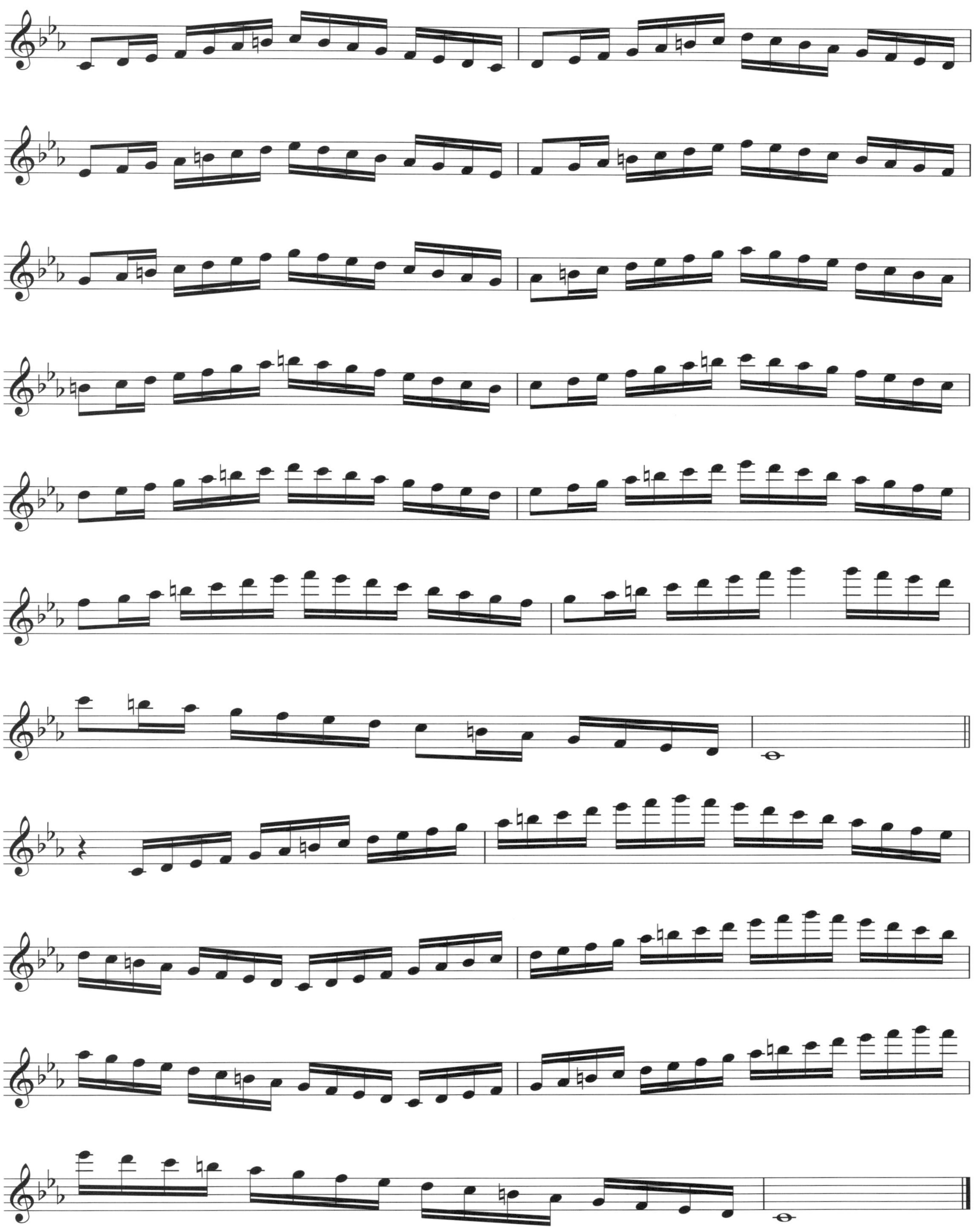

f-Moll / F Minor

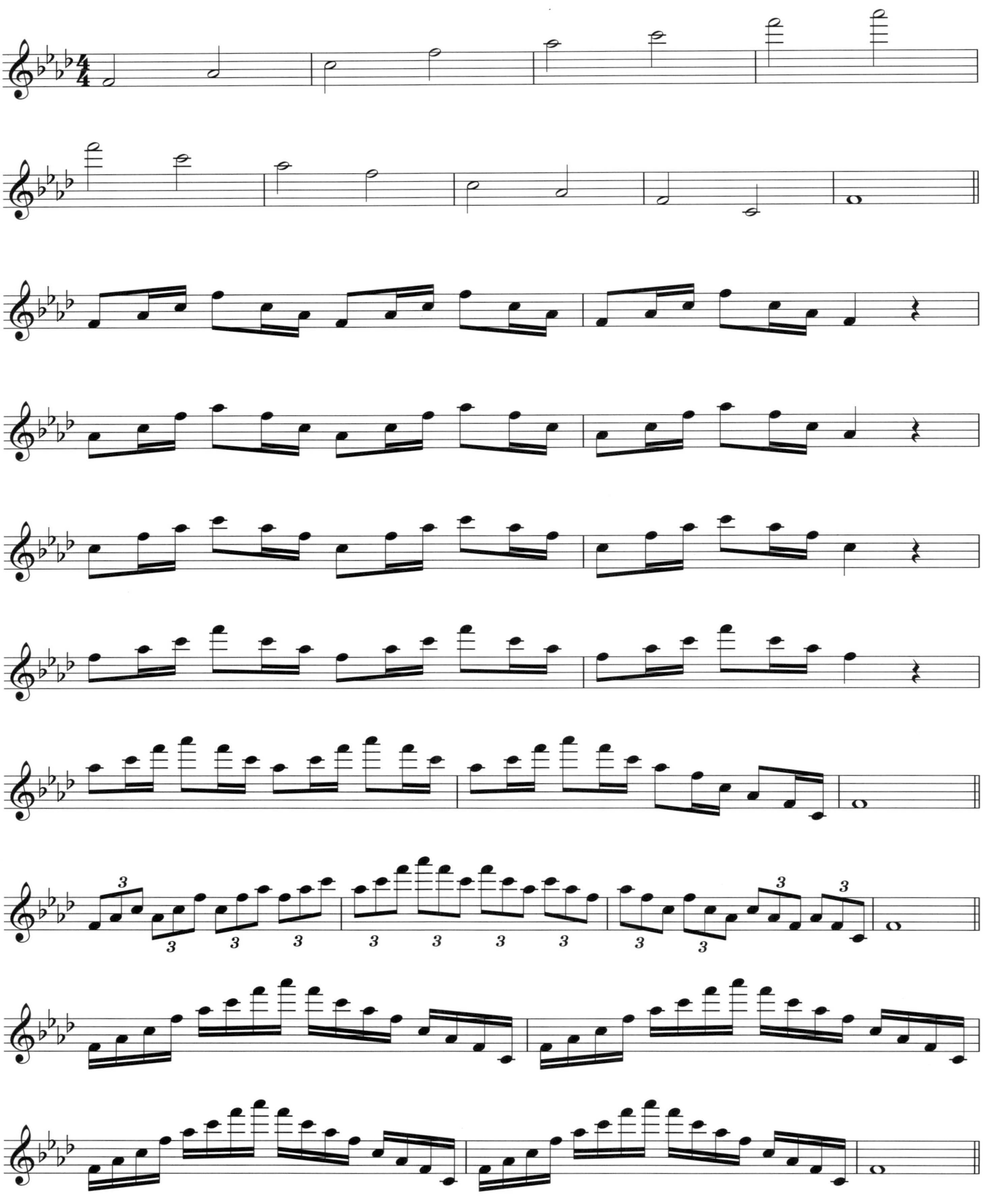

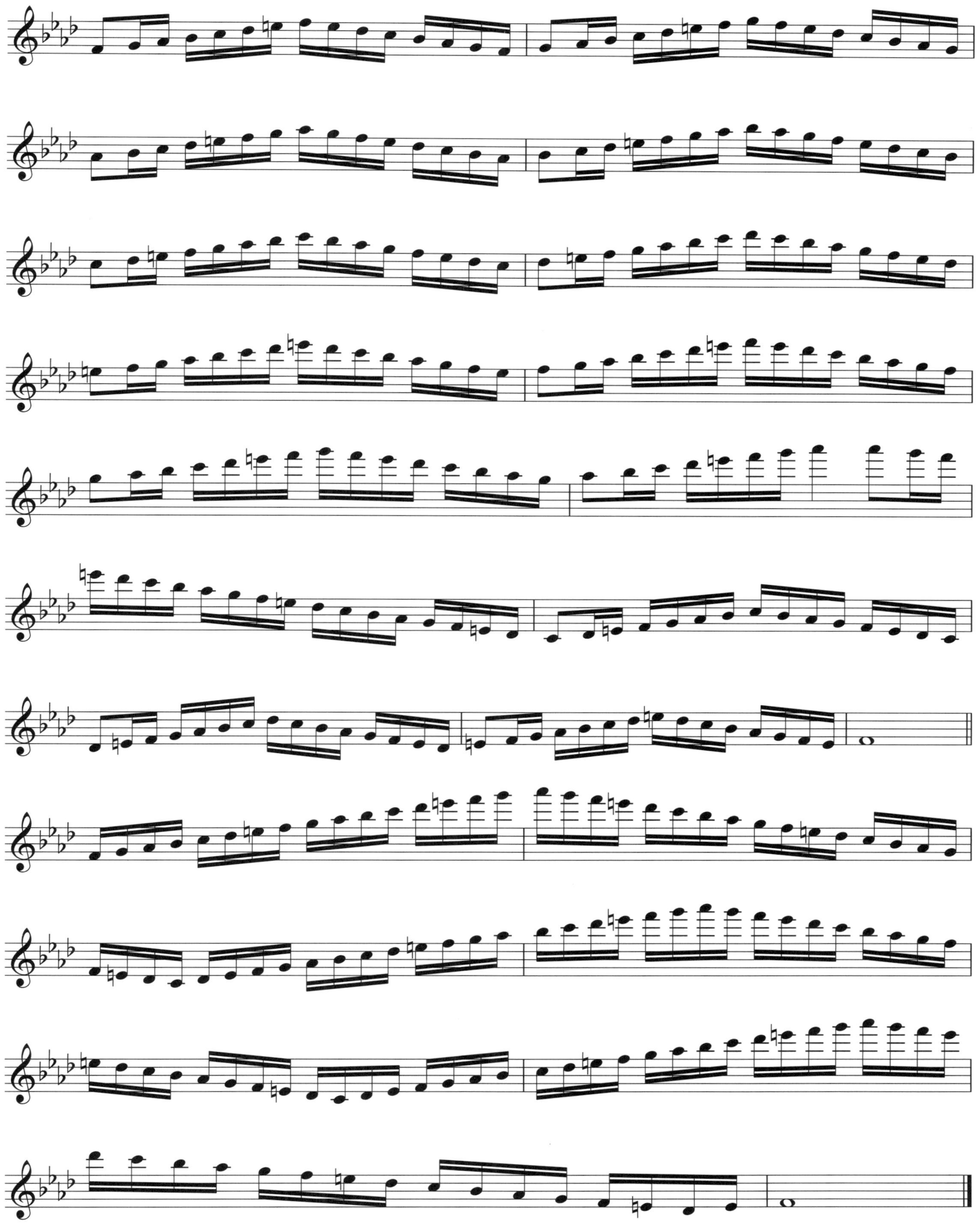

b-Moll / B♭ Minor

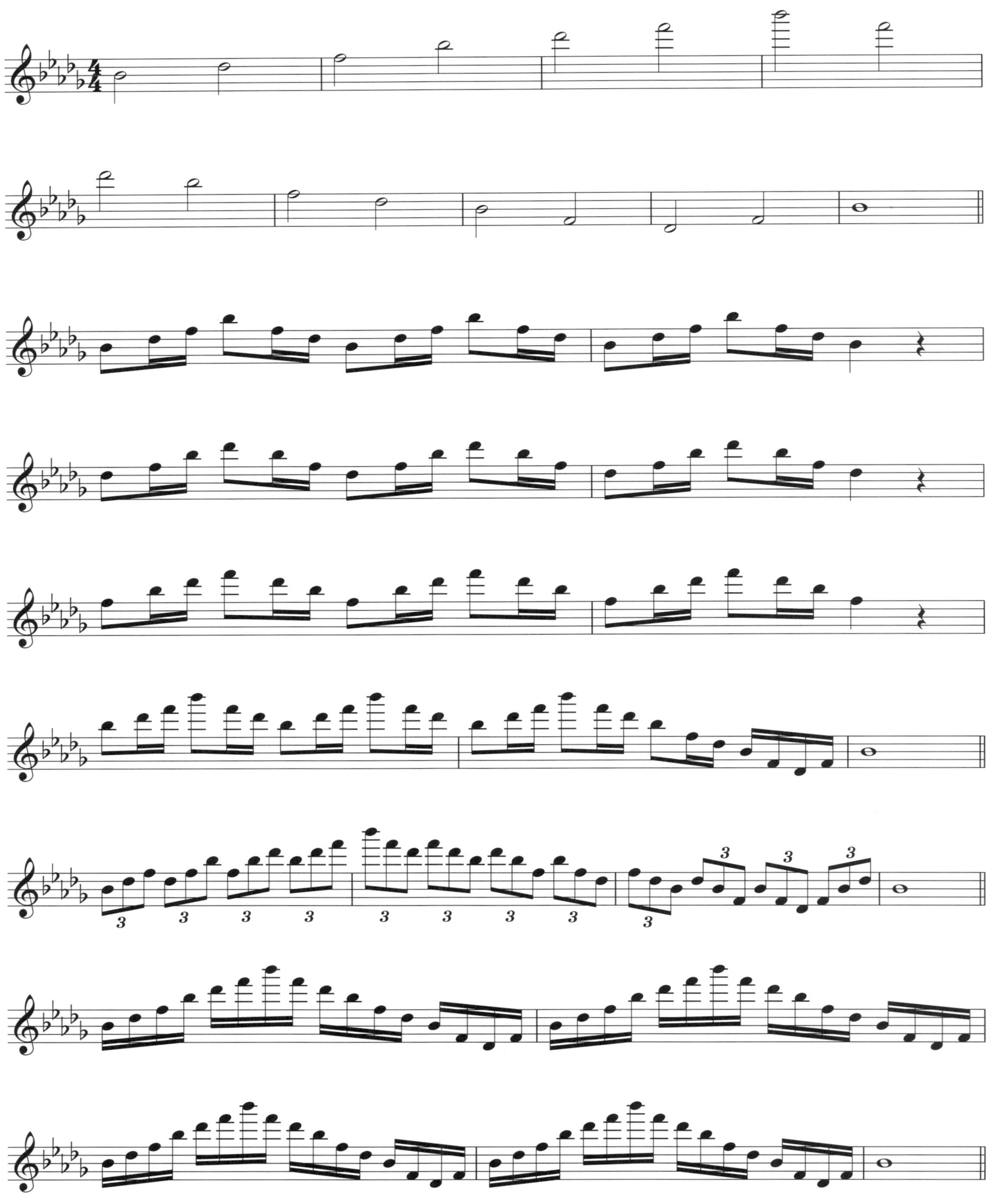

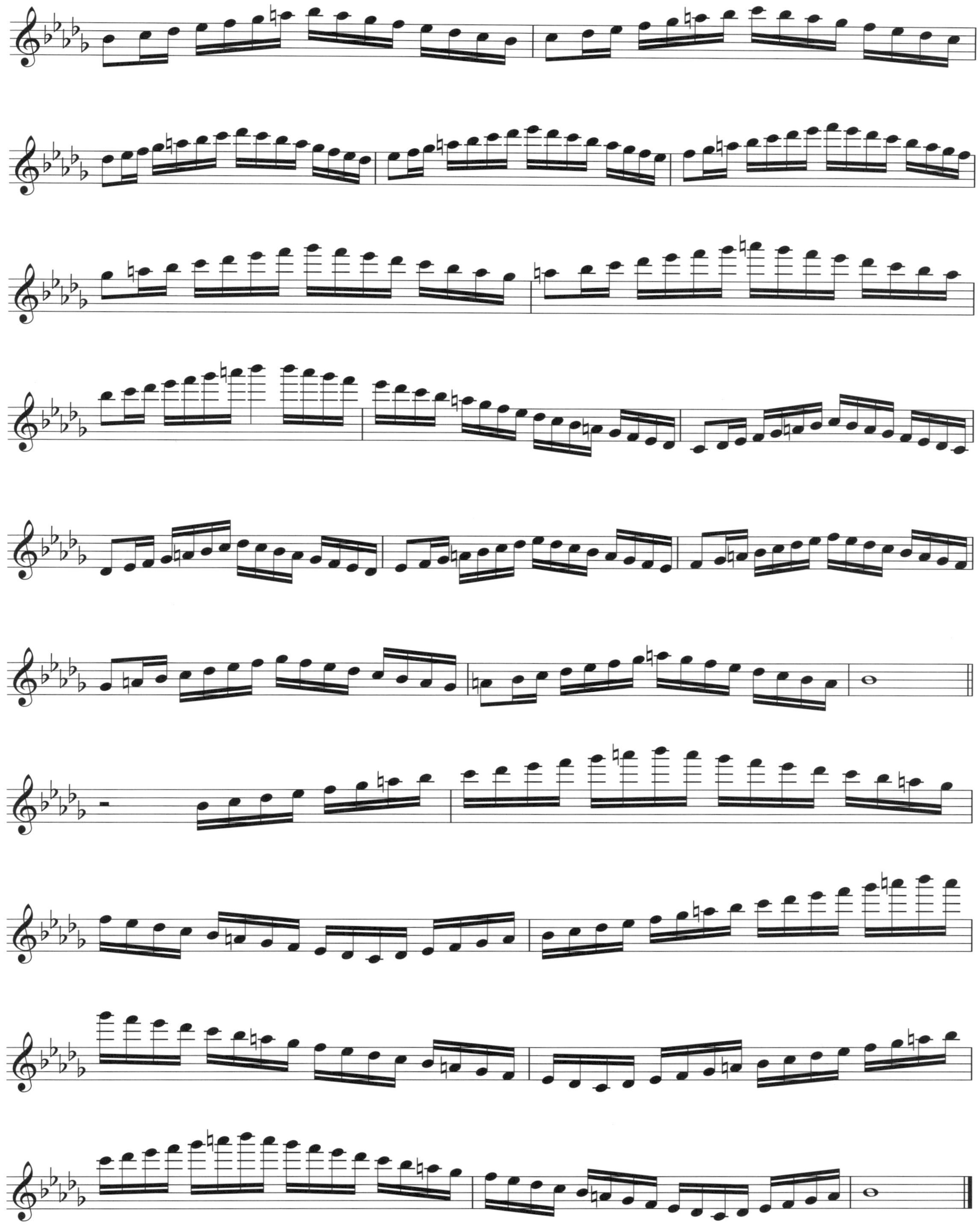

es-Moll / E♭ Minor

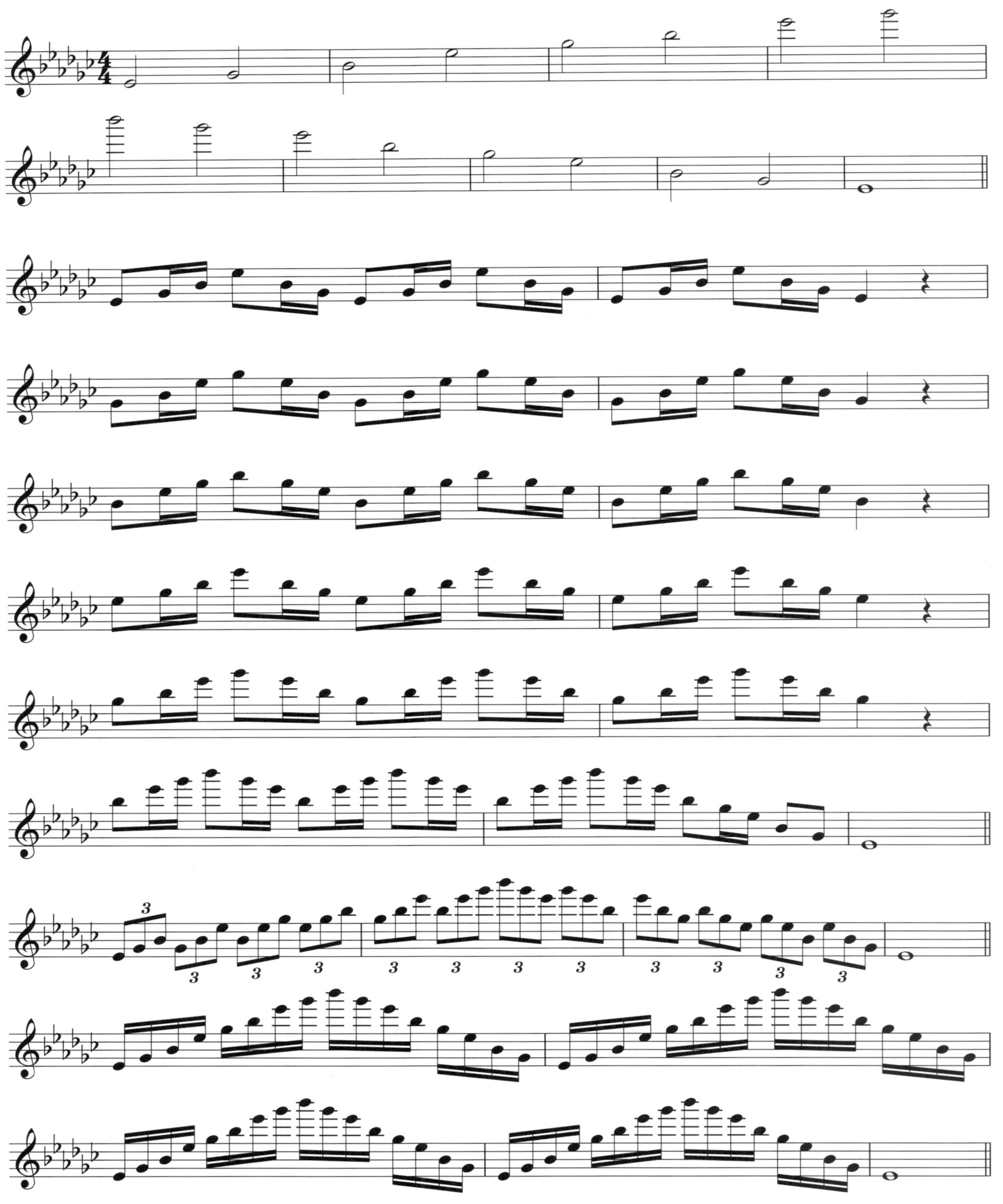

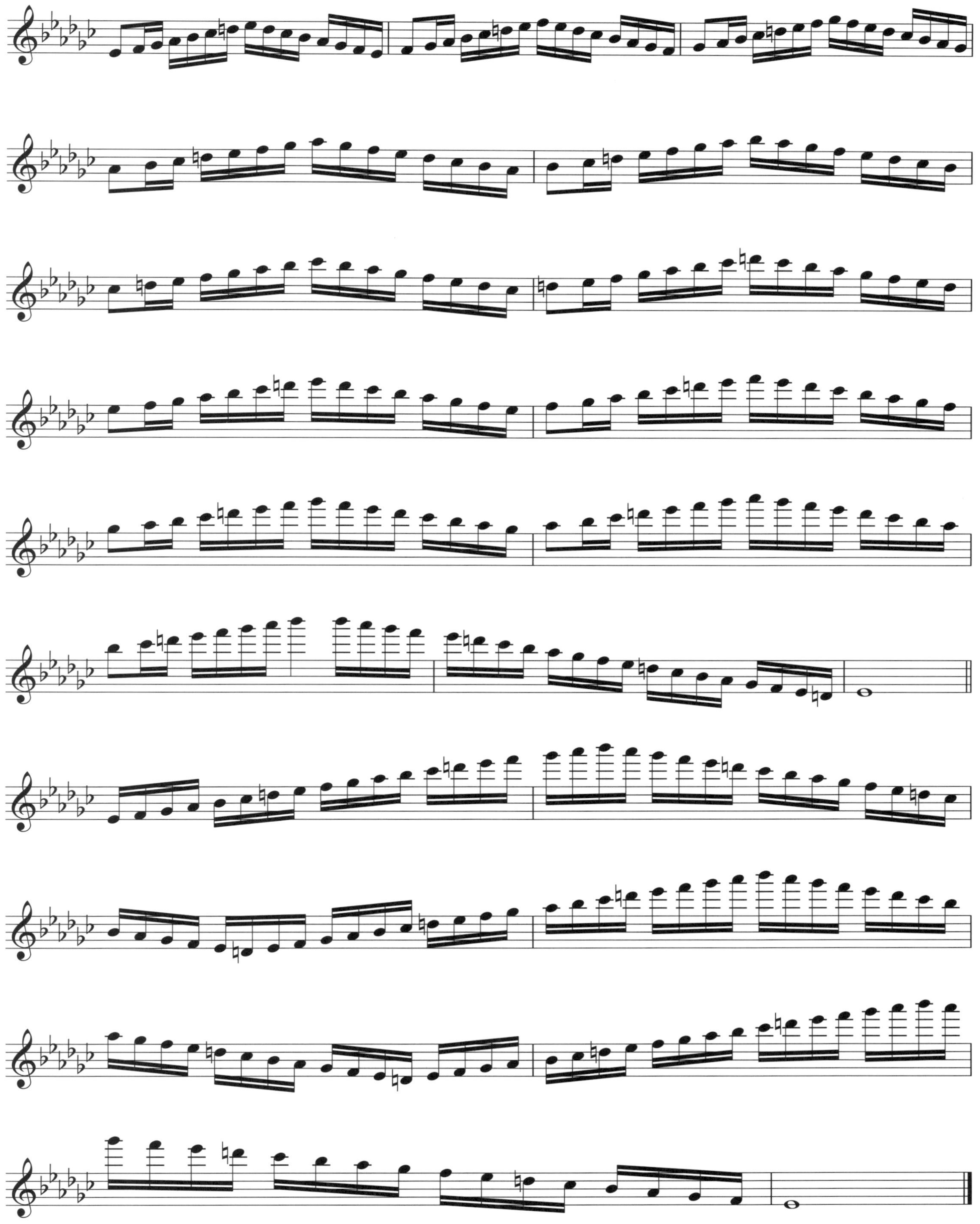

a-Moll / A Minor

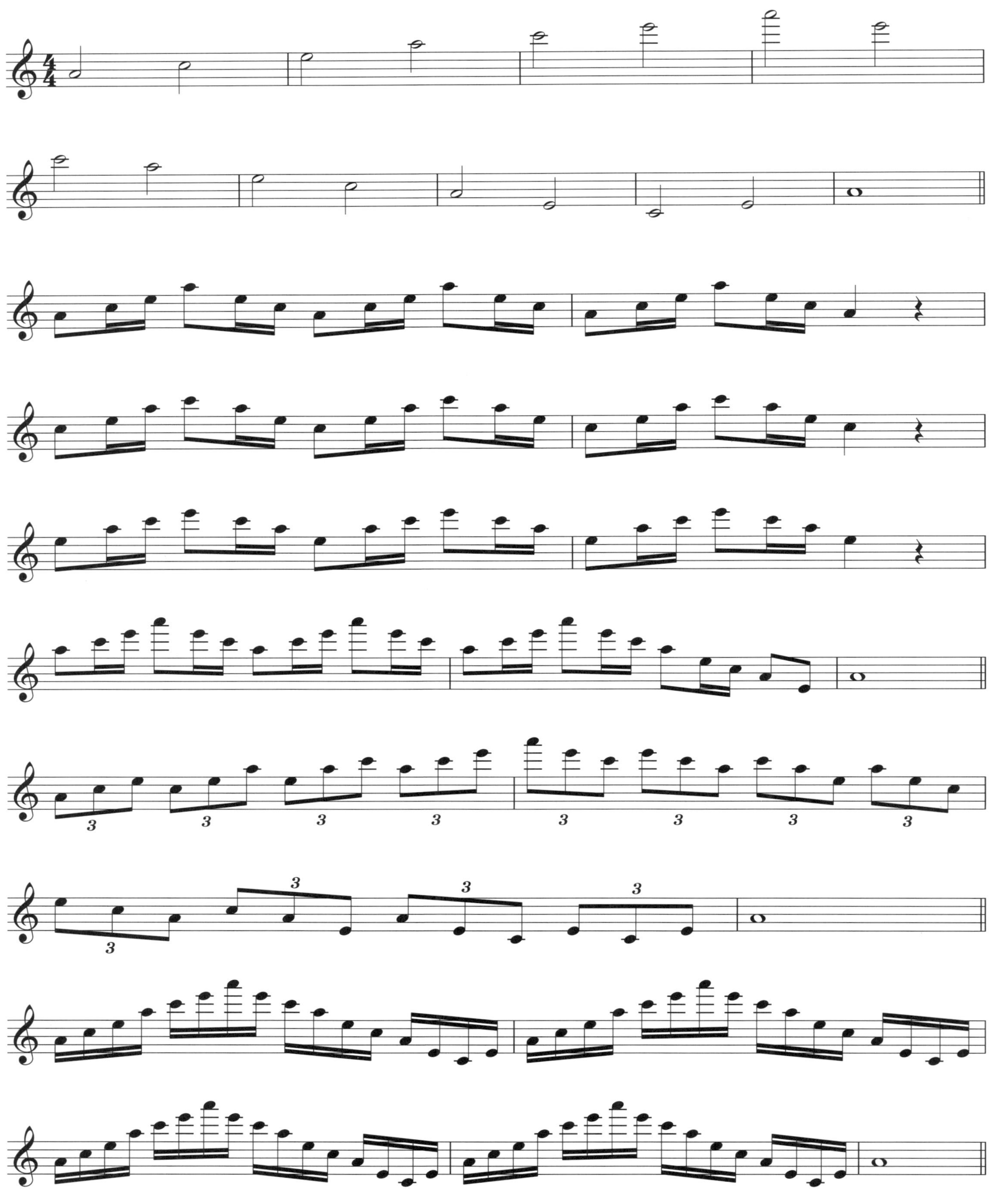

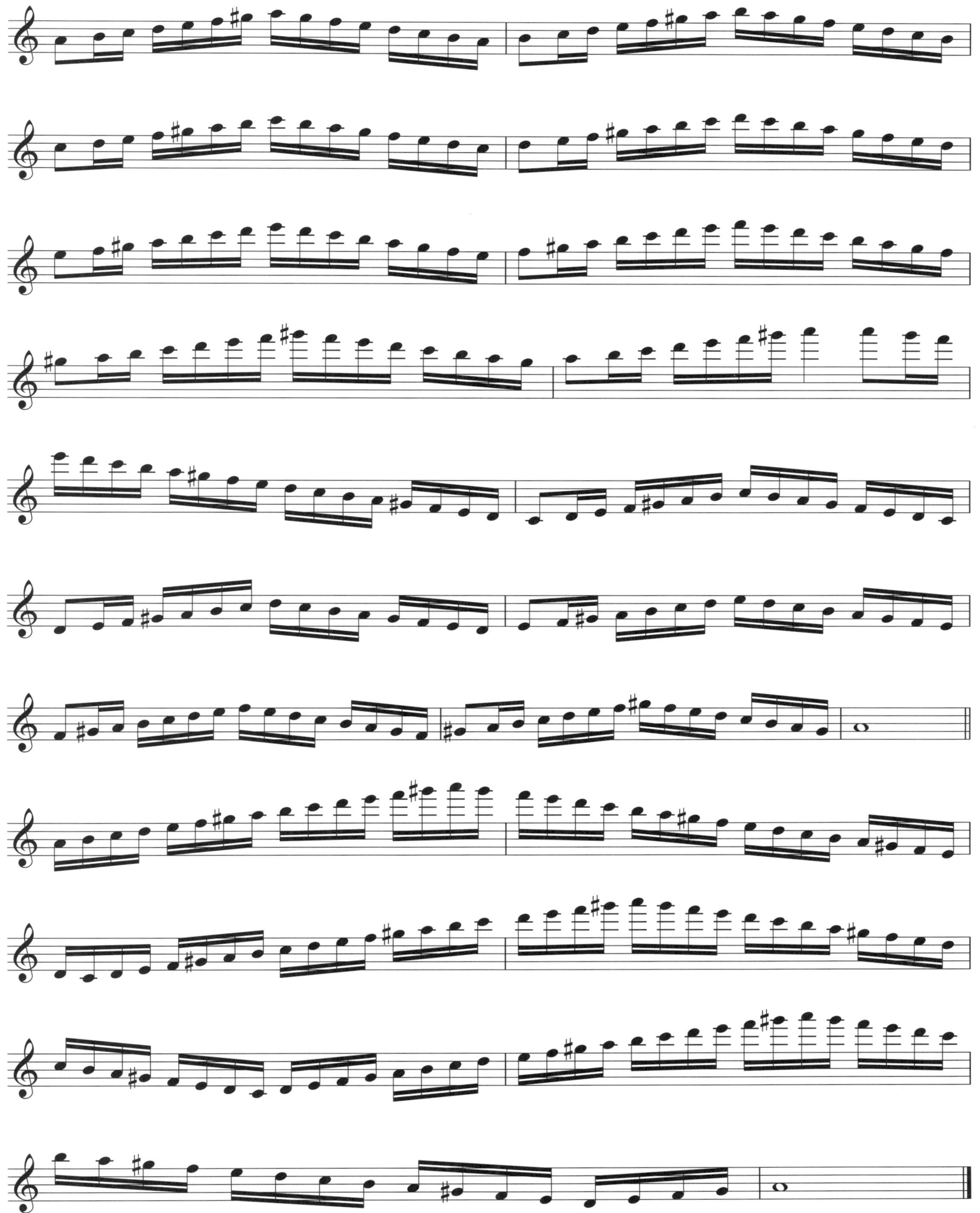

e-Moll / E Minor

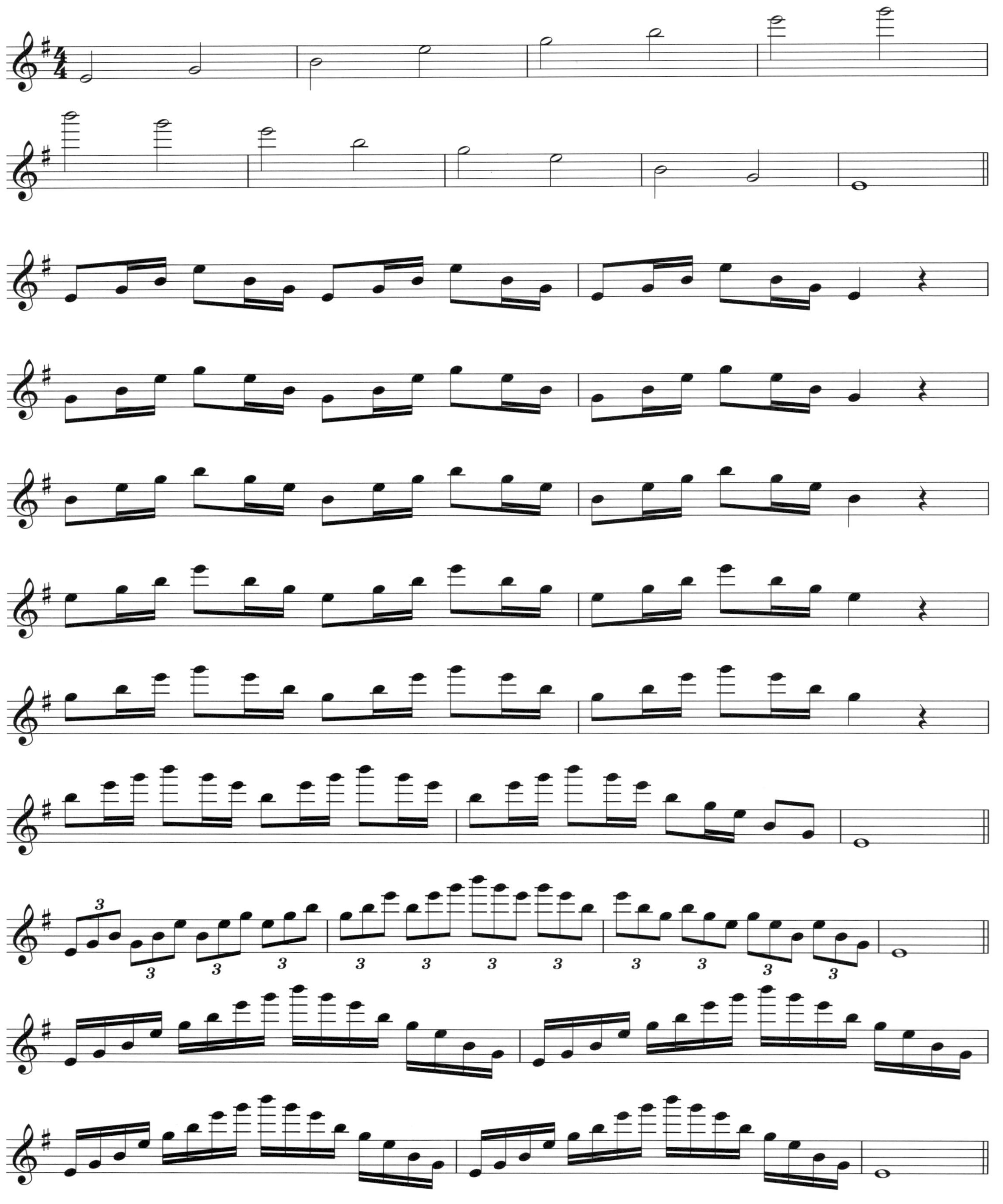

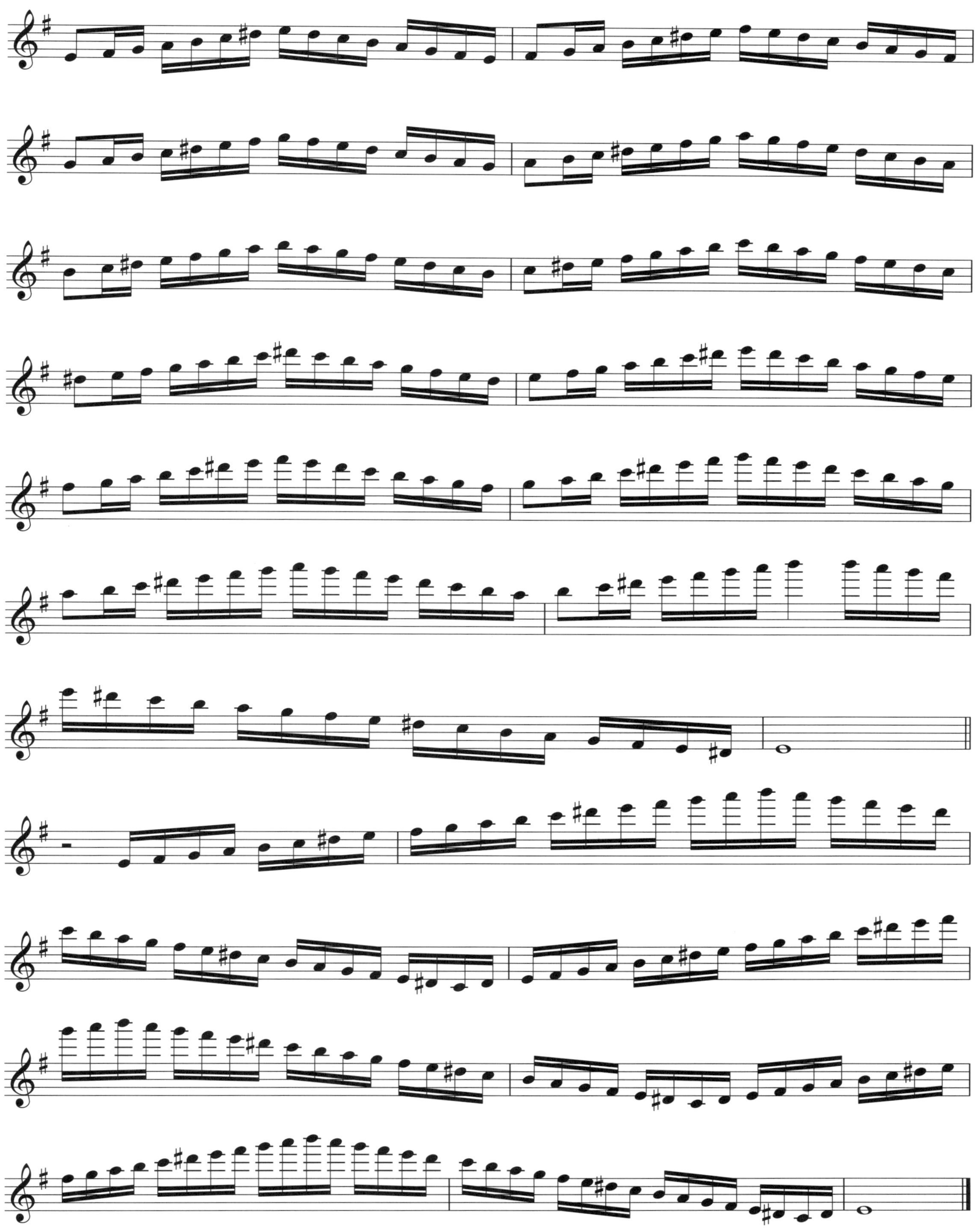

h-Moll / B Minor

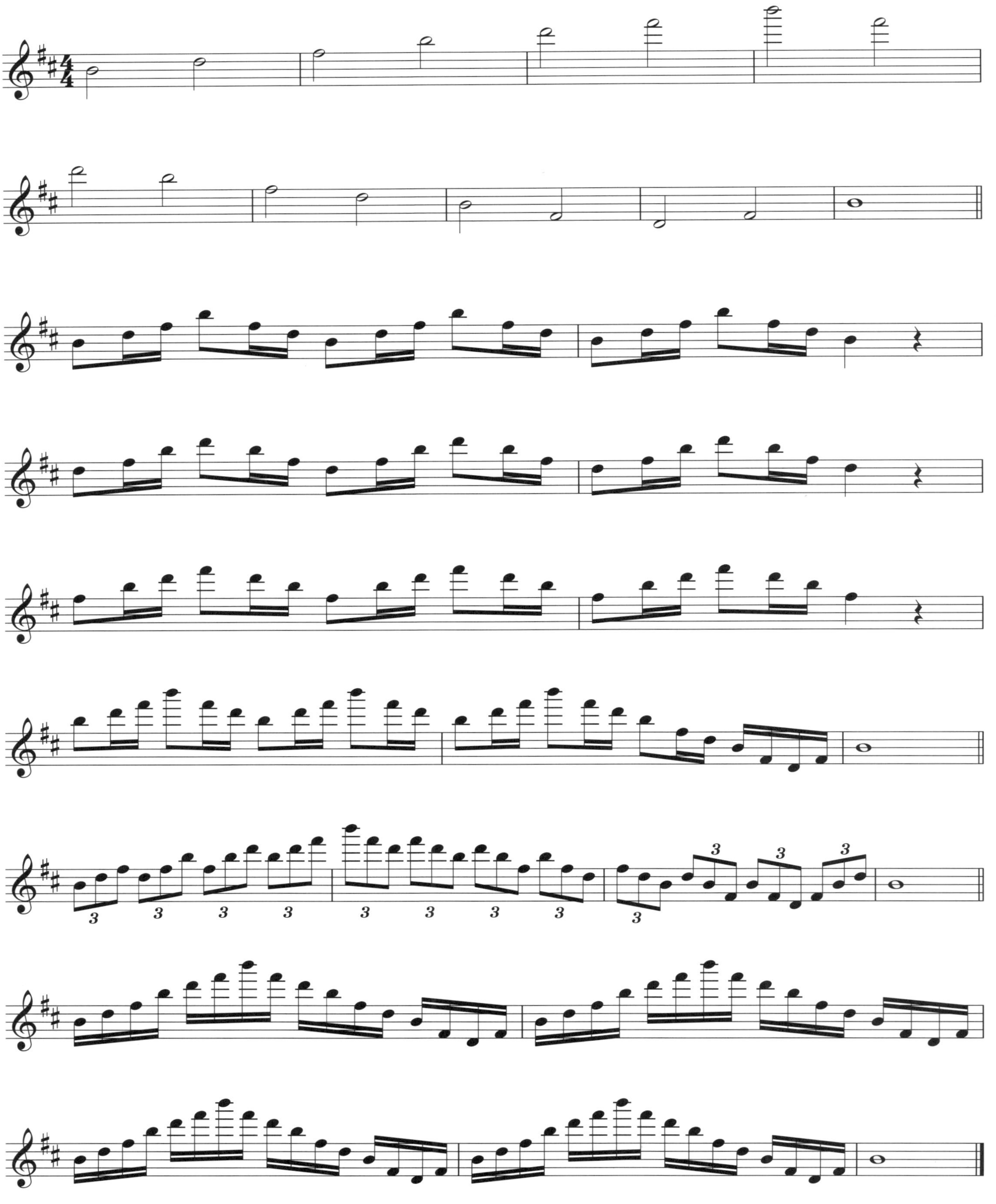

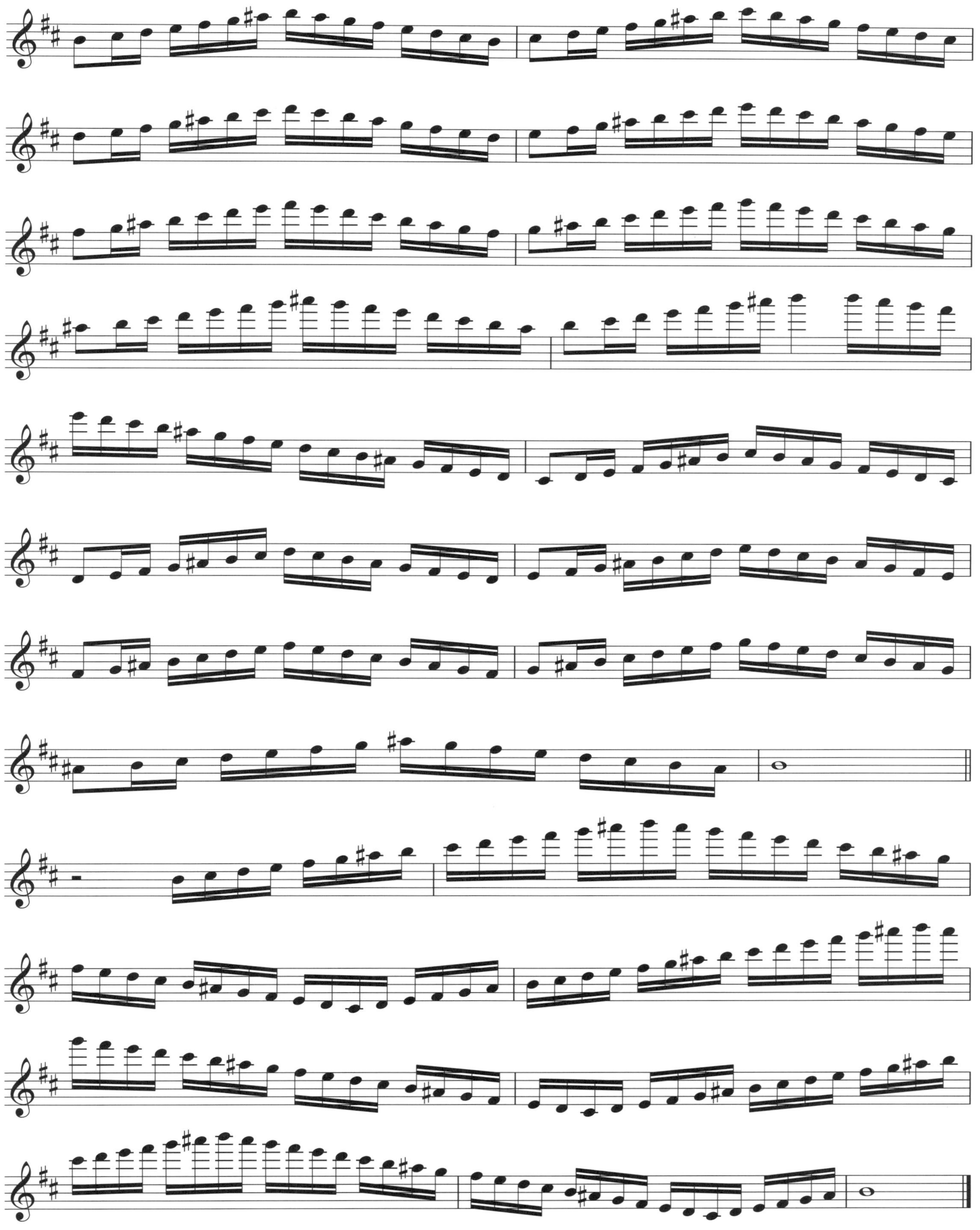

fis-Moll / F♯ Minor

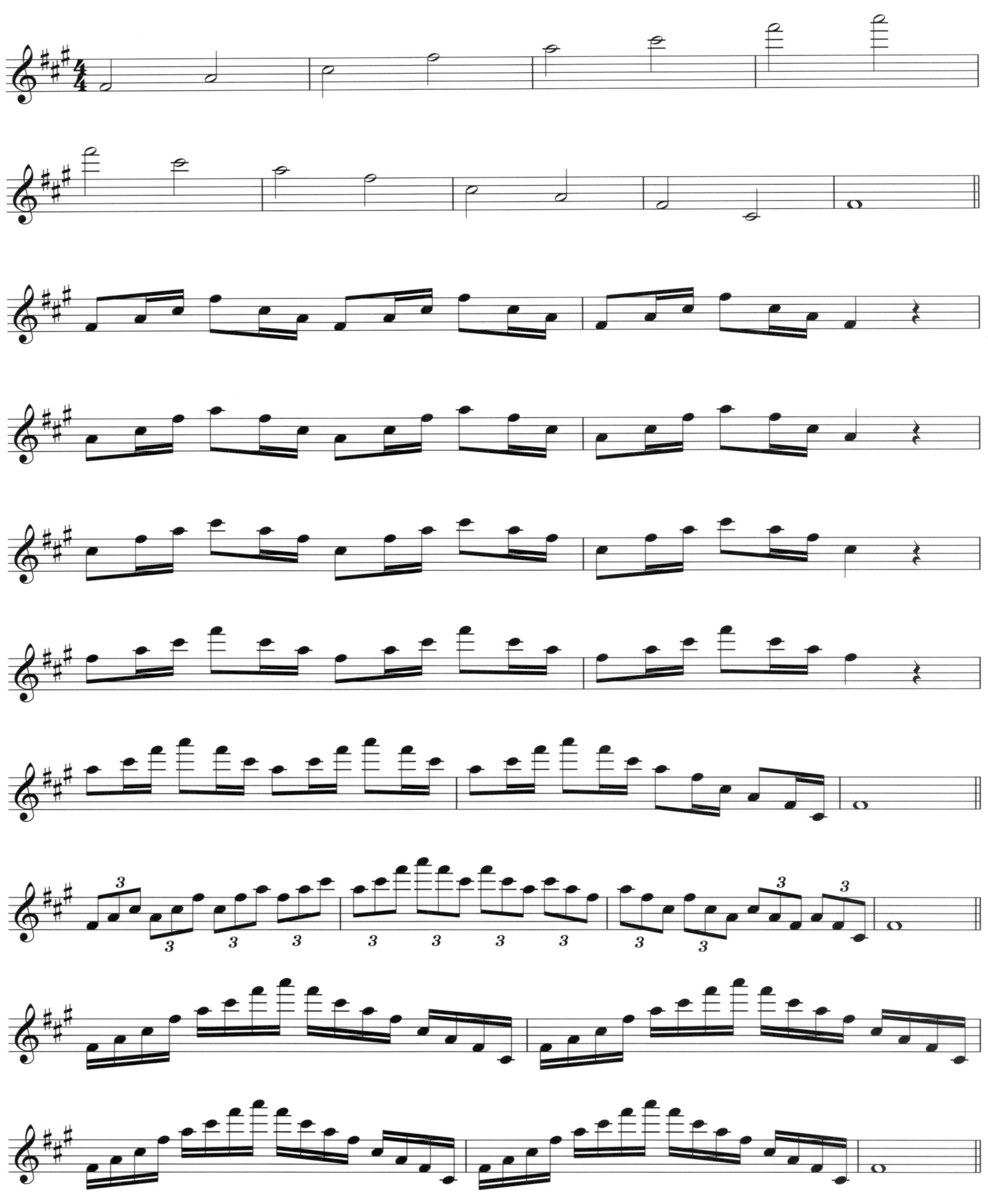

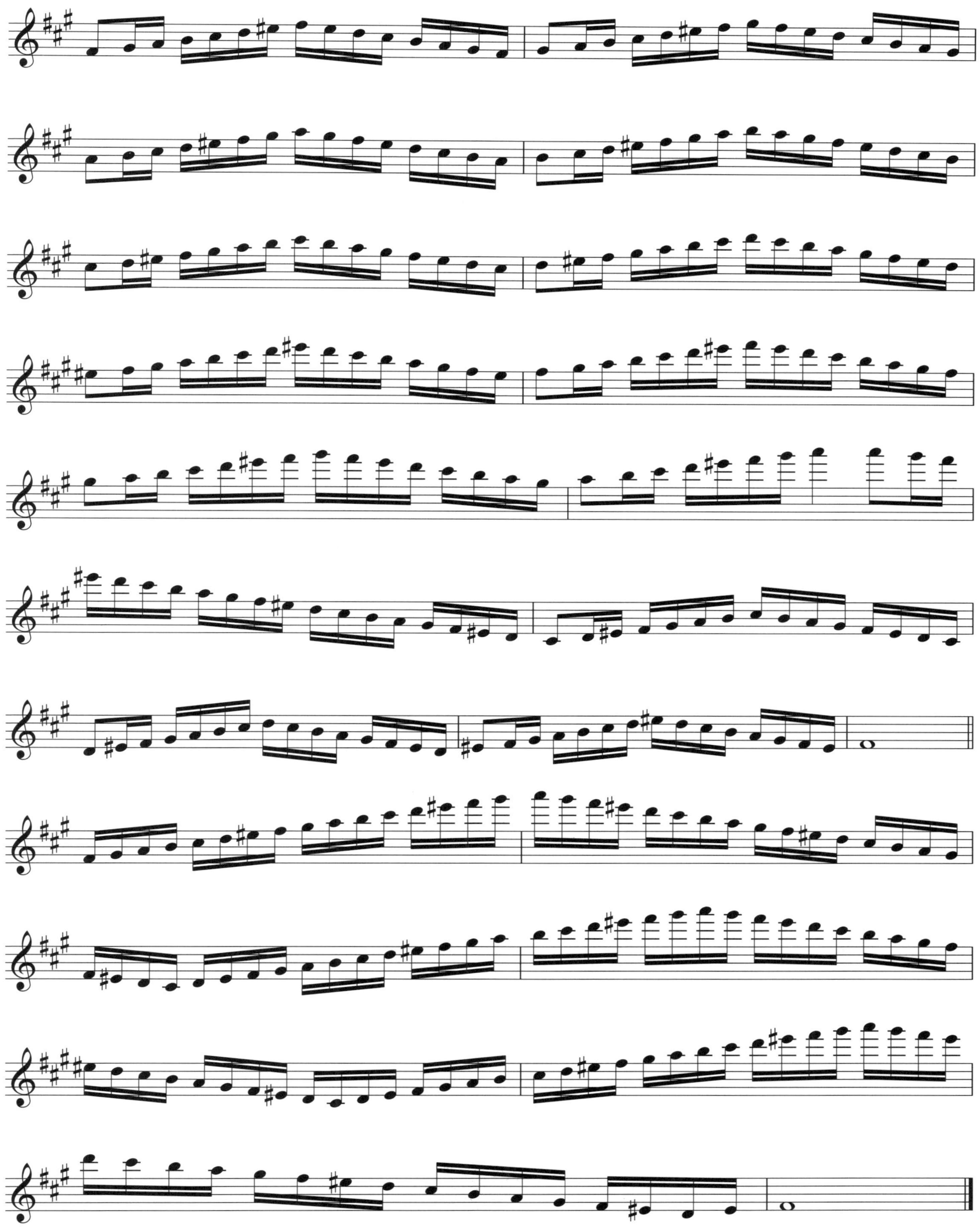

cis-Moll / C♯ Minor

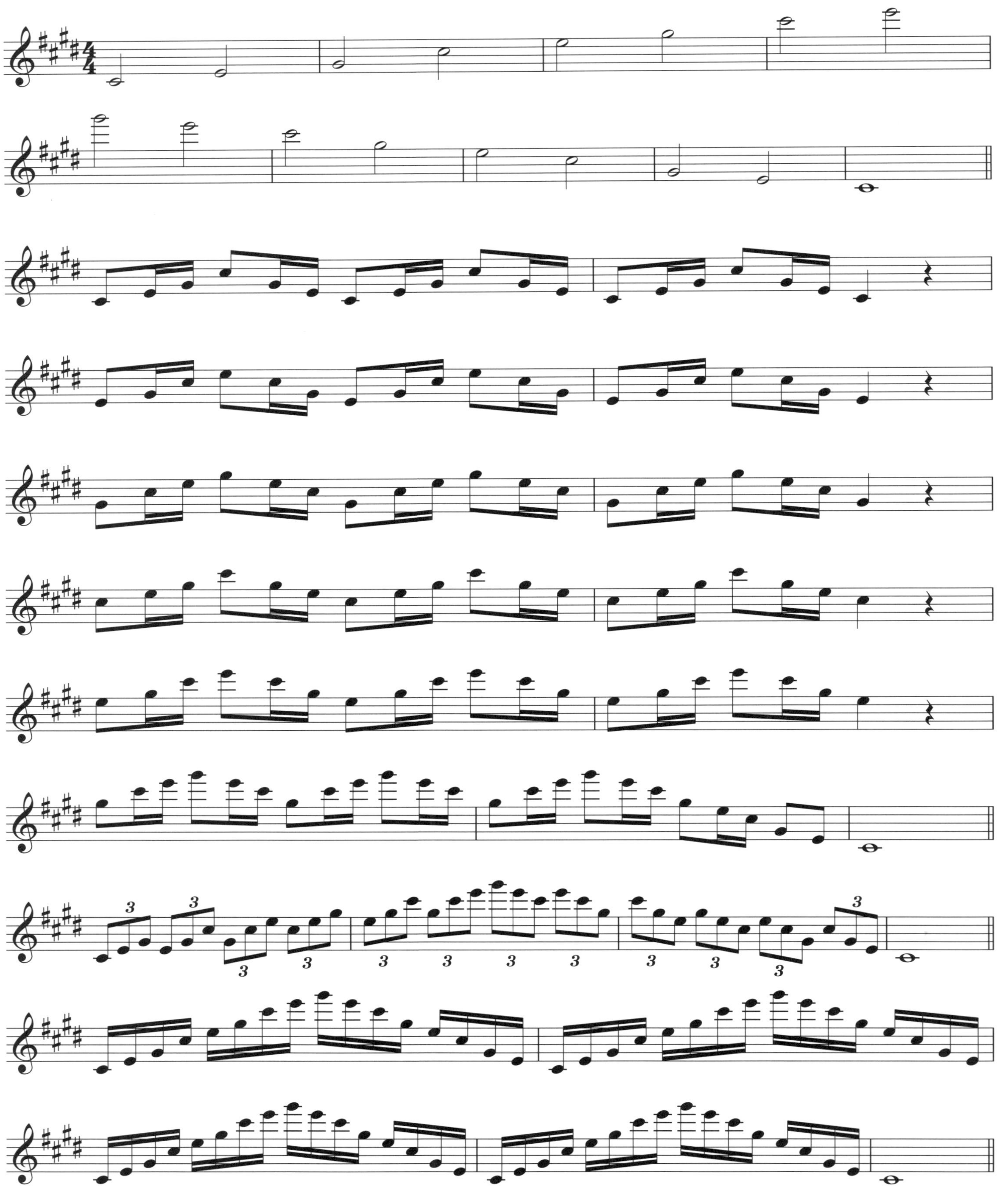

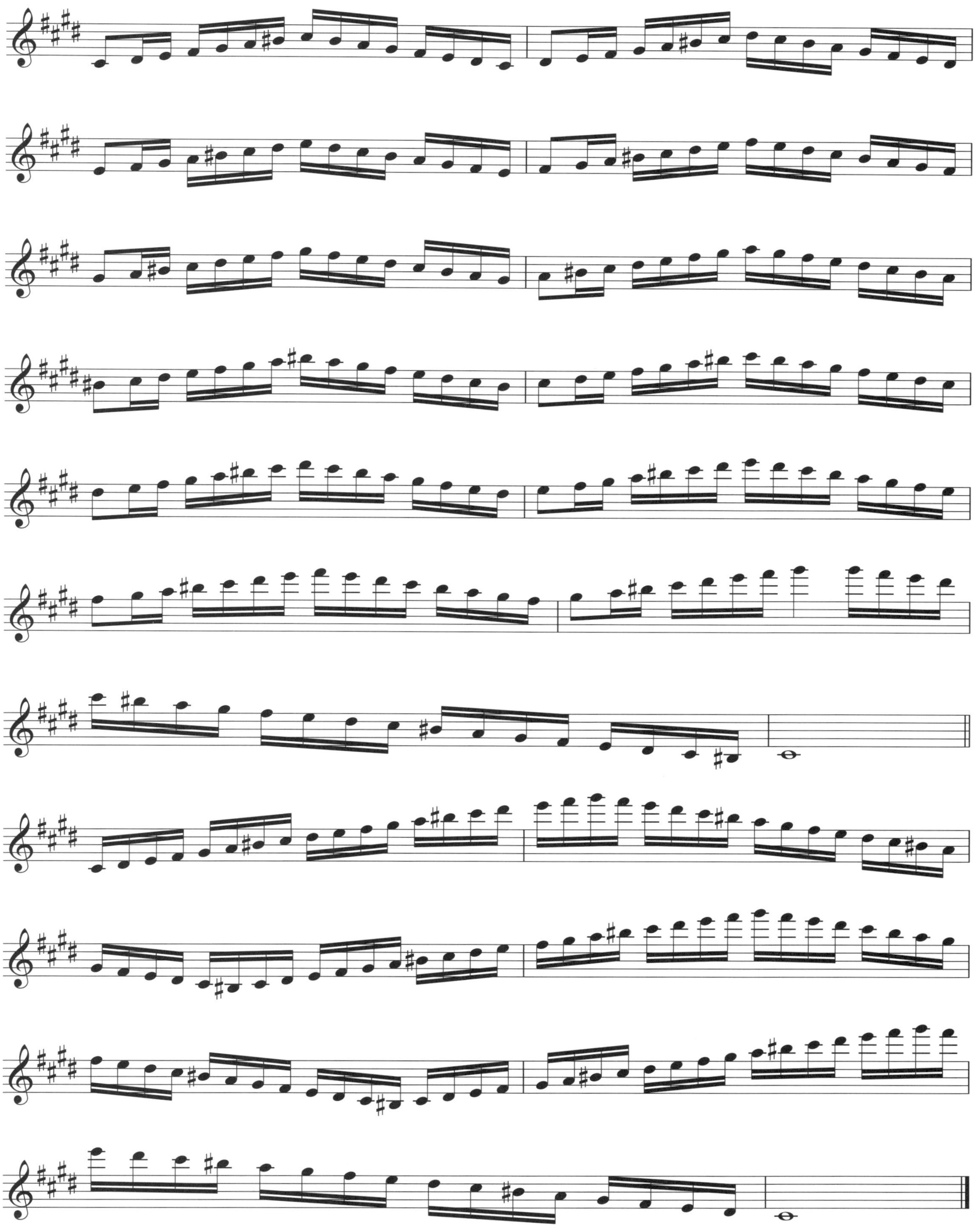

gis-Moll / G♯ Minor

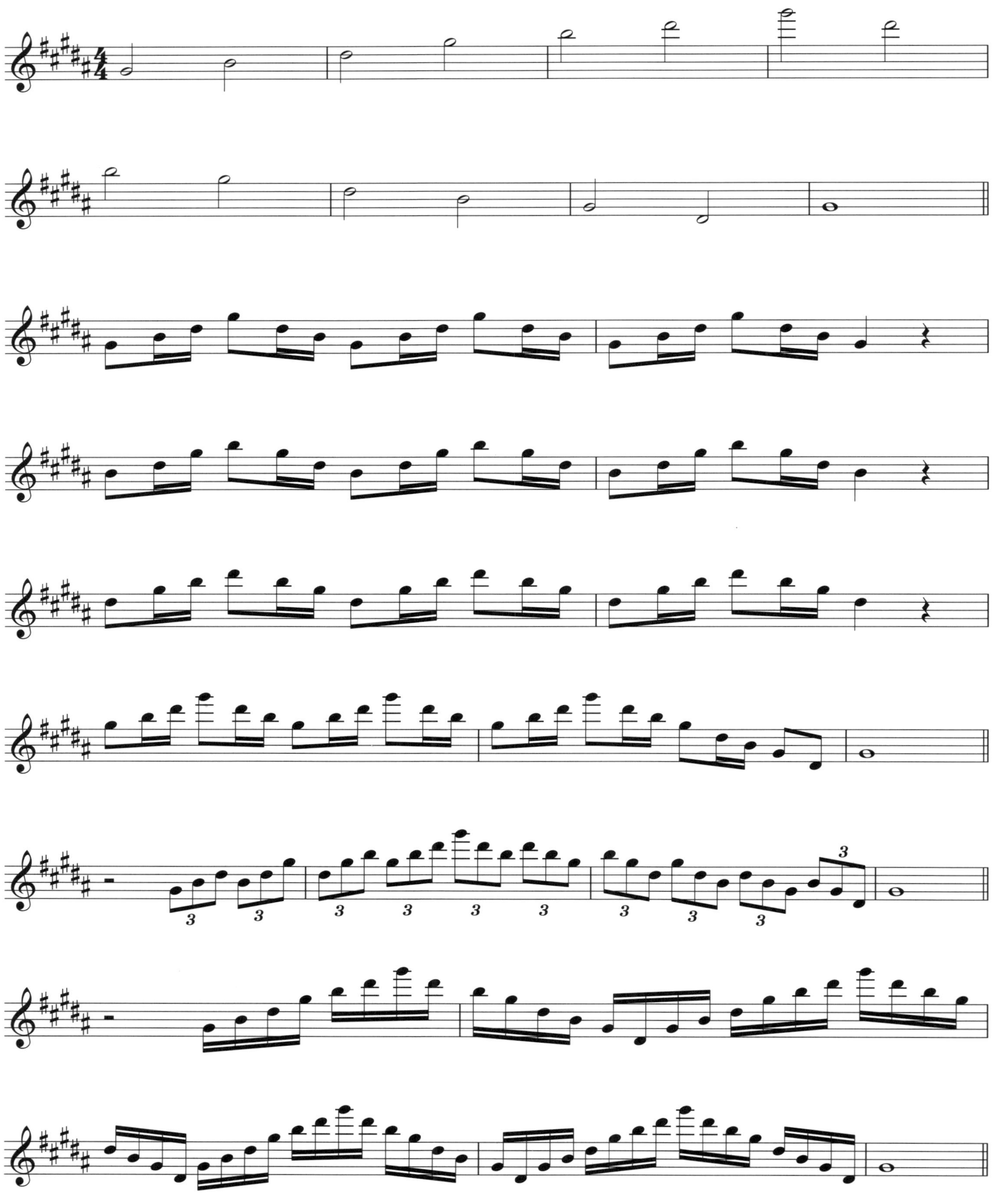

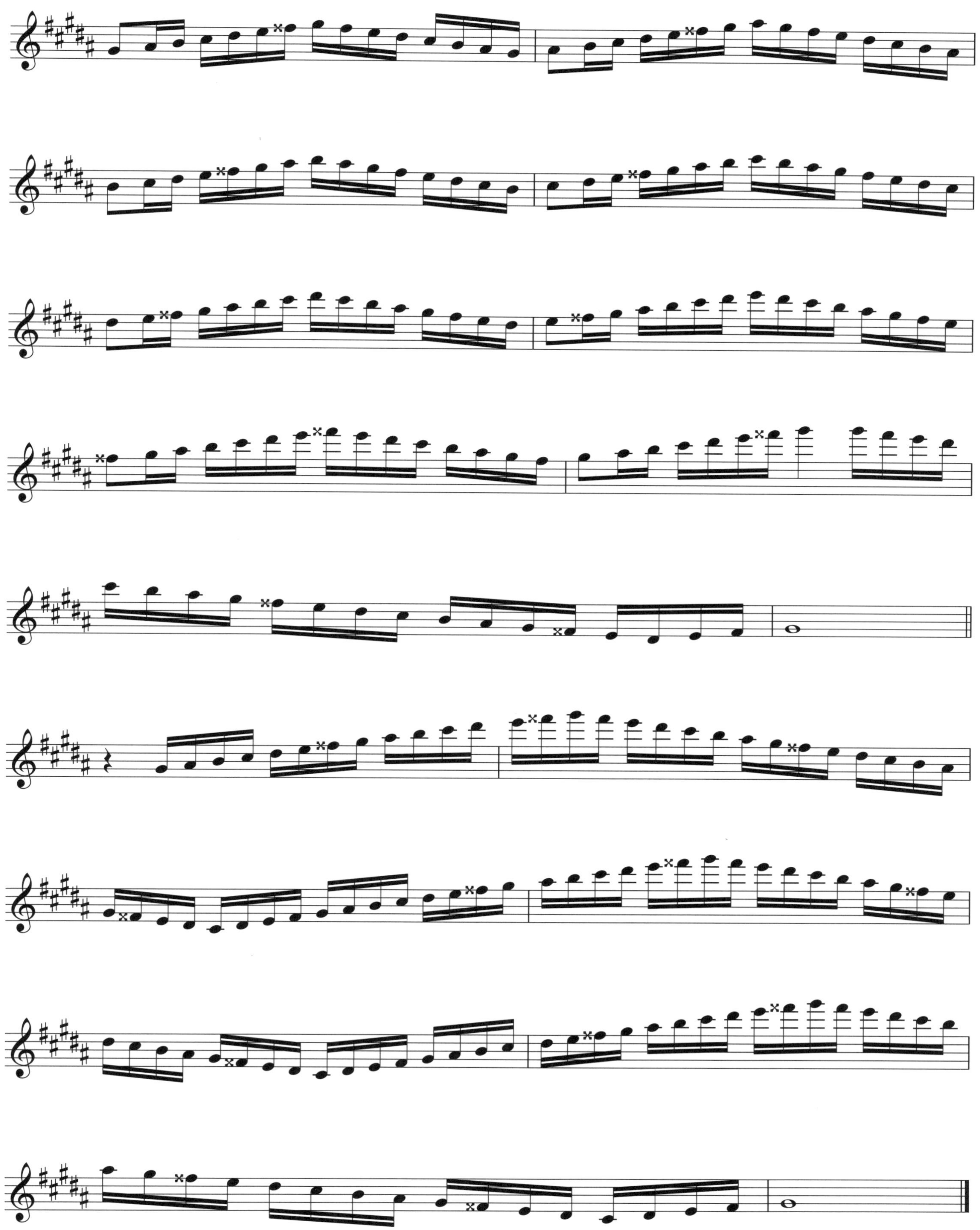

dis-Moll / D♯ Minor

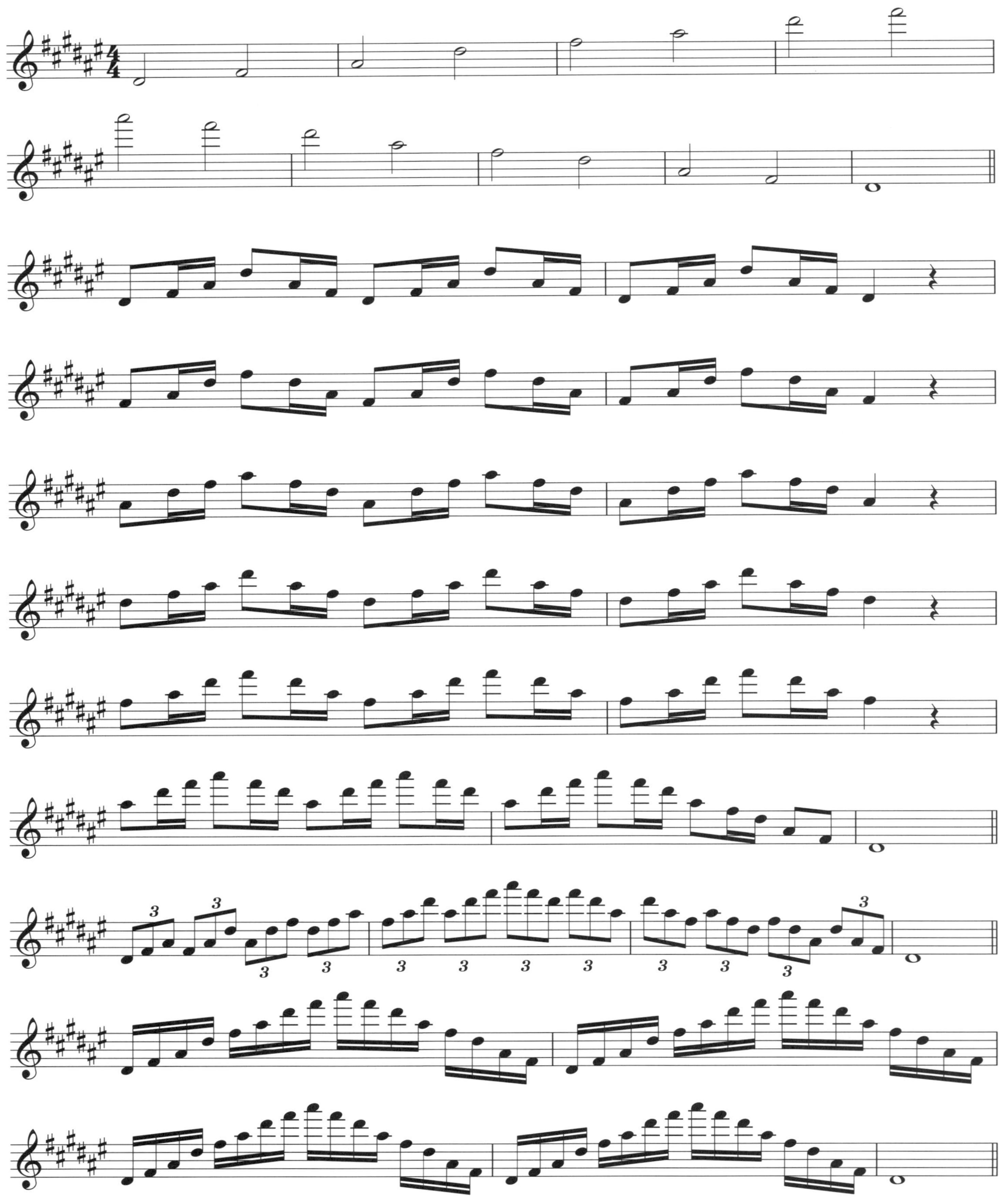

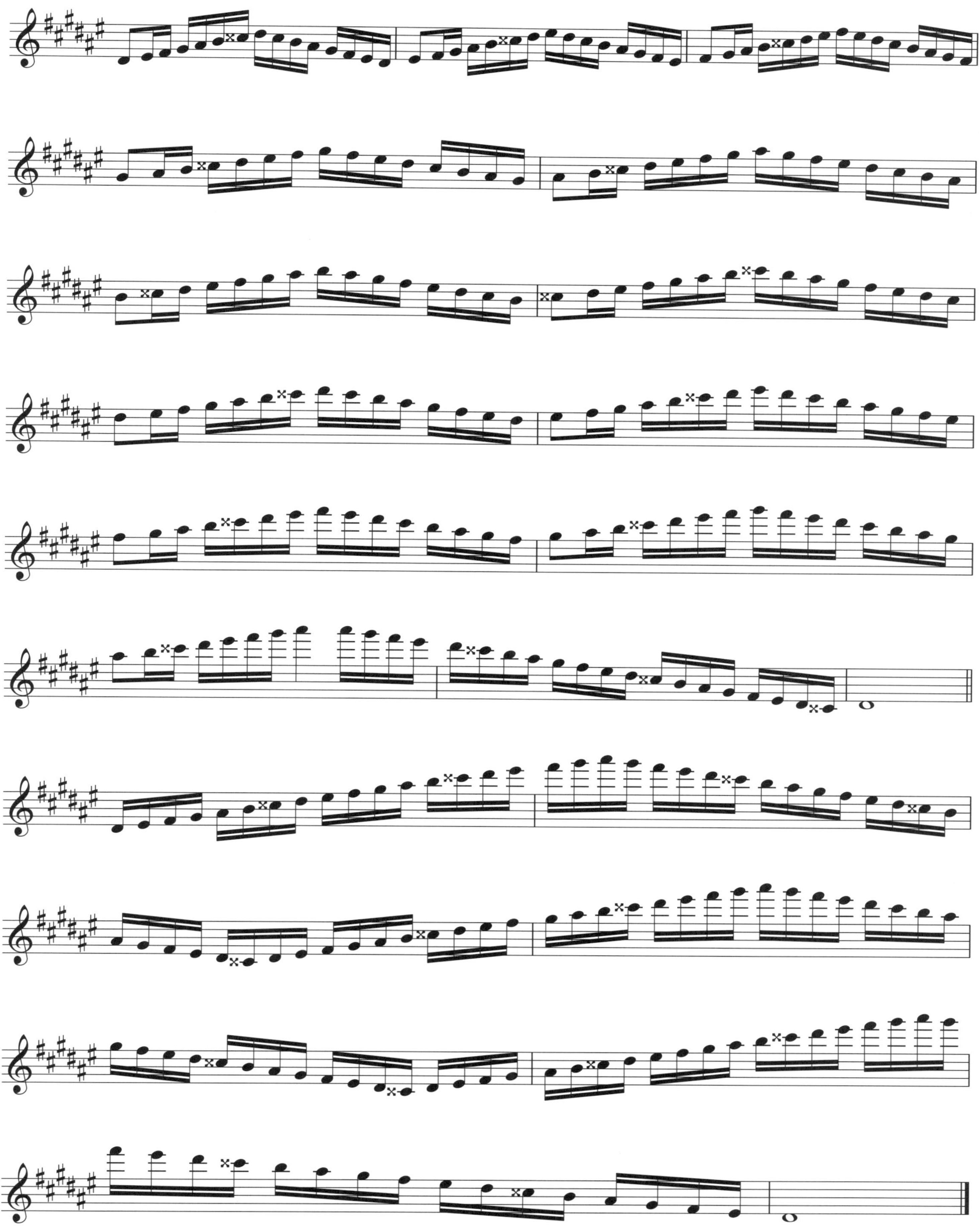

Chromatische Übungen I / Chromatic Exercises I

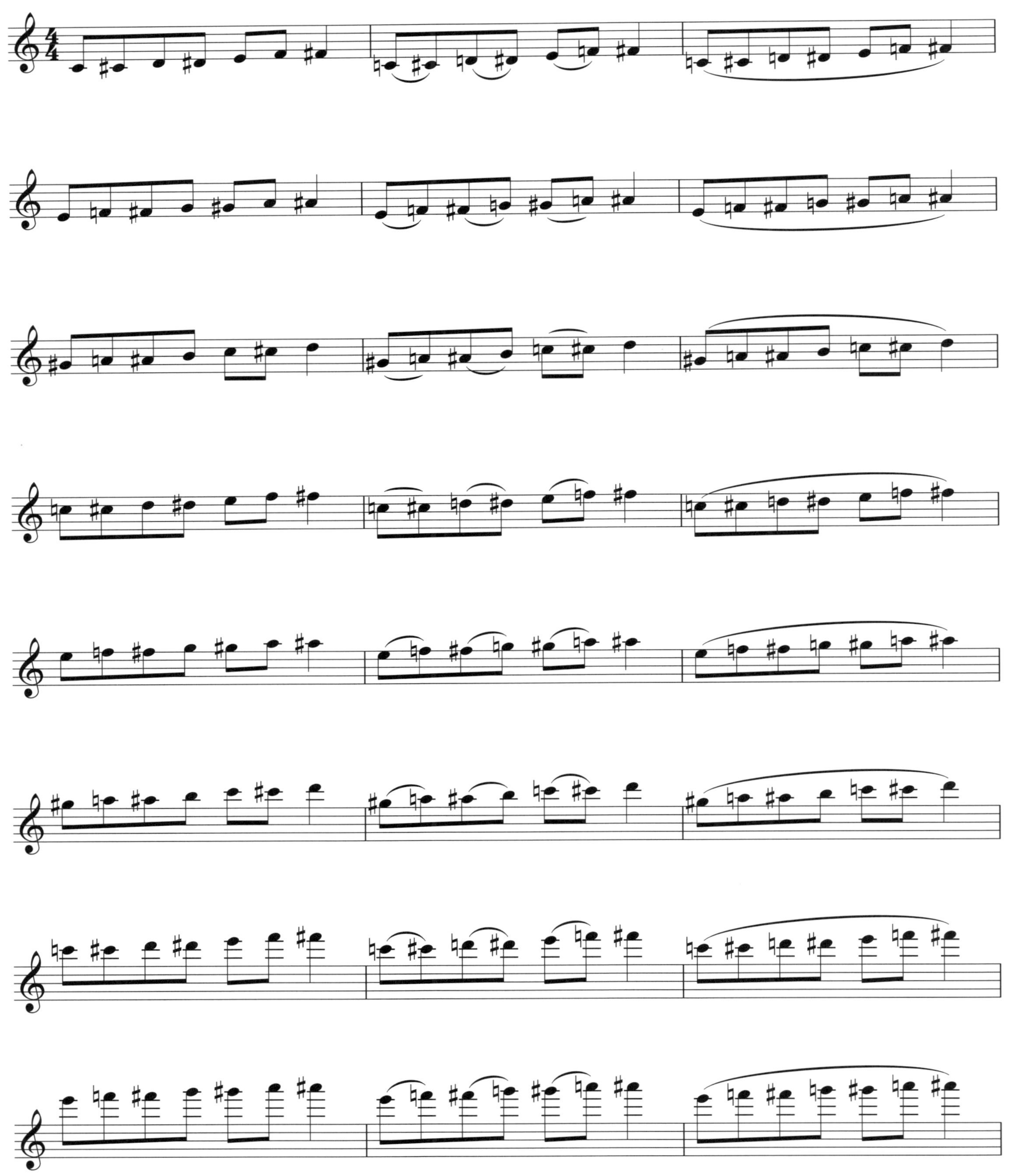

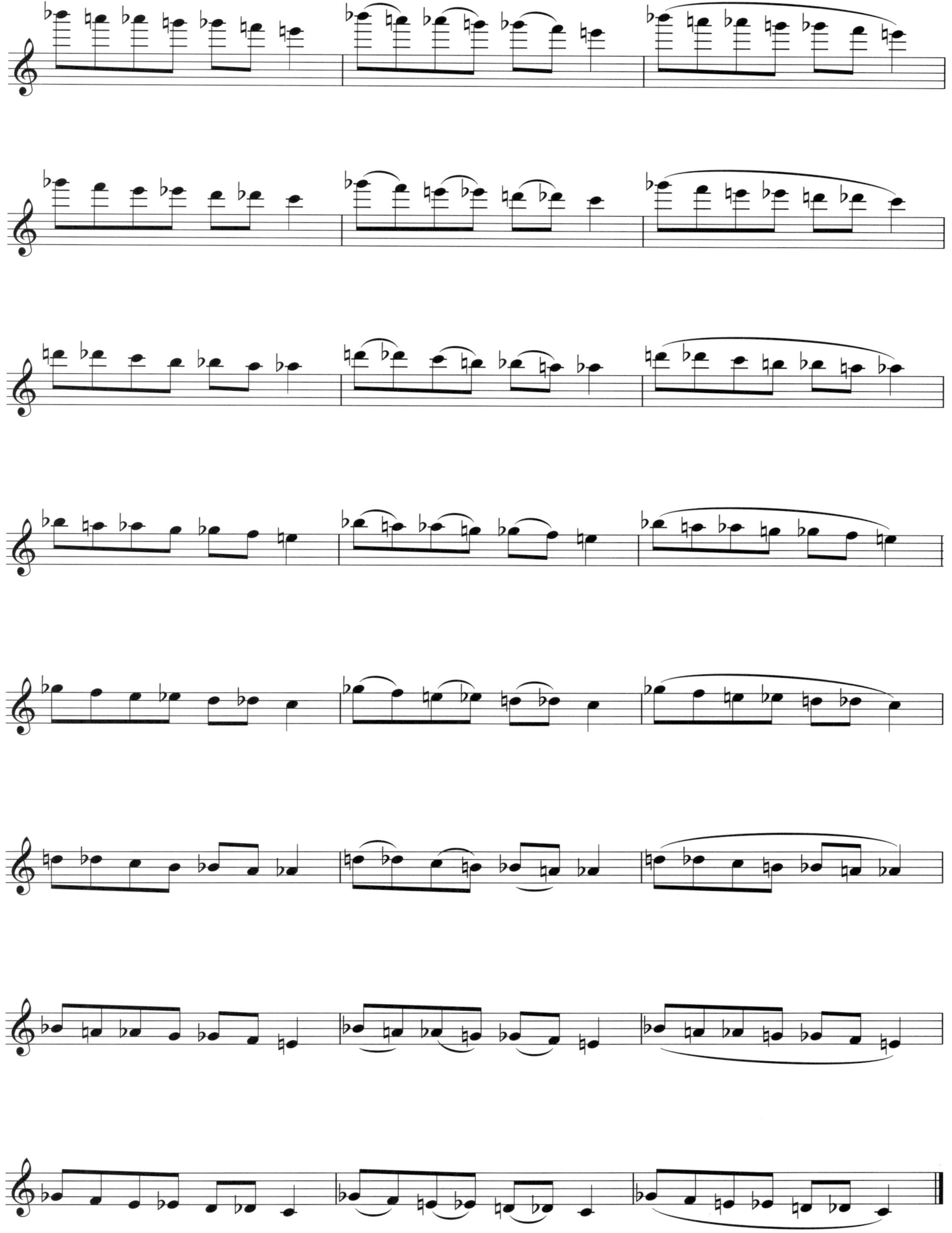

Chromatische Übungen II / Chromatic Exercises II

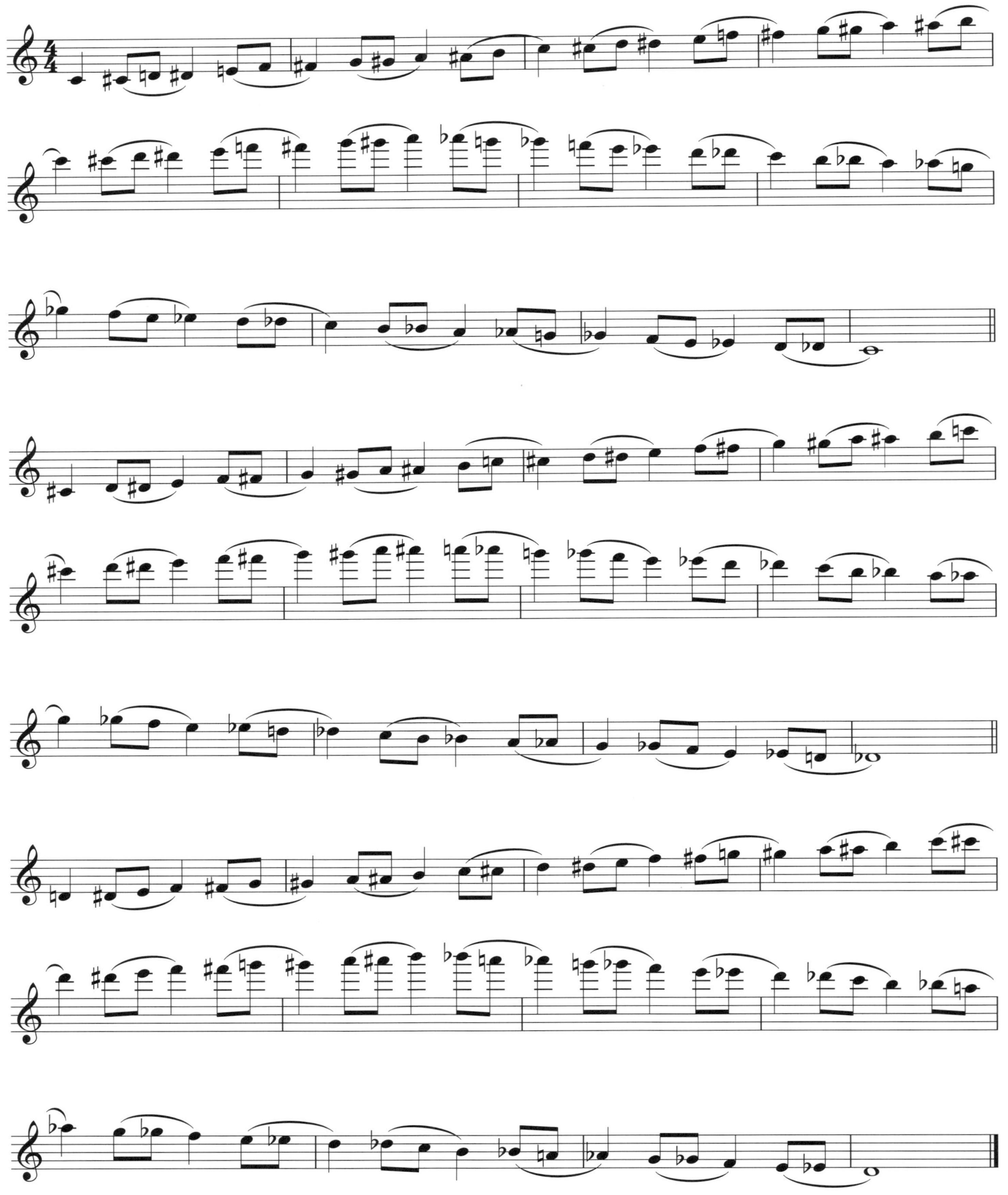

Chromatische Übungen III / Chromatic Exercises III

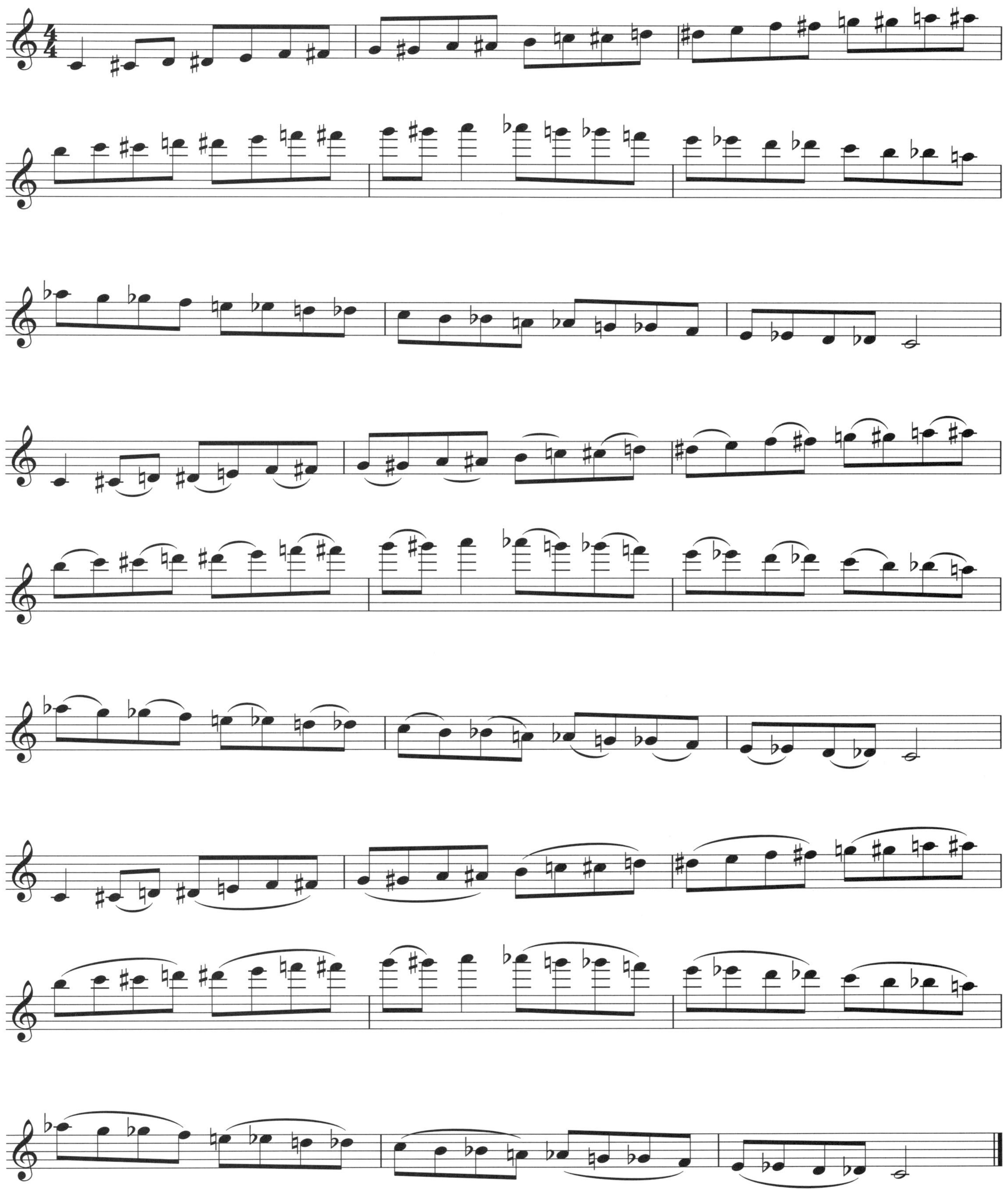

Der Quintenzirkel / The Circle of Fifths

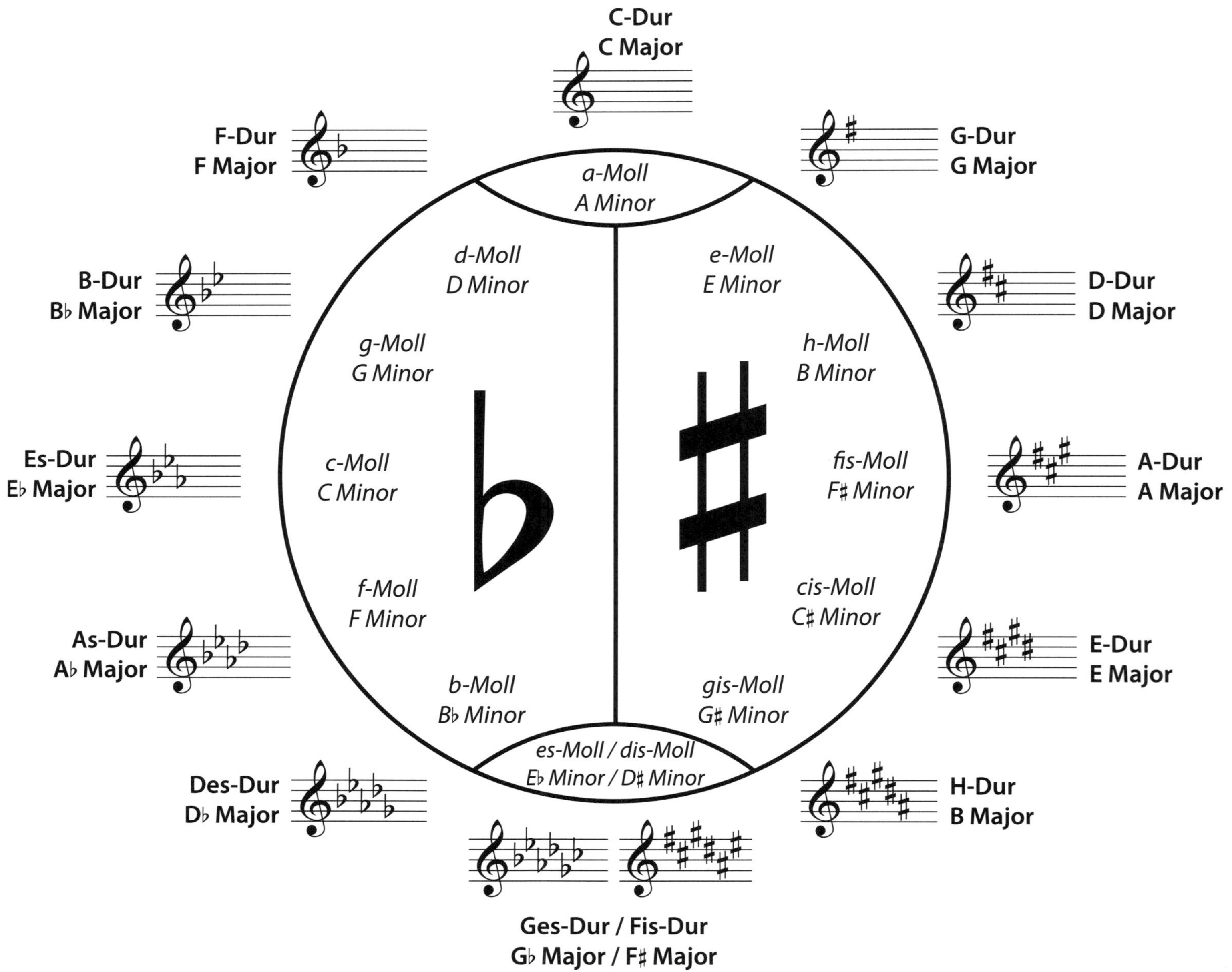

Eigene Ideen / Your Own Ideas

Die Herausgeberinnen
The Editors

Gundel Huschka und Gudrun Bähr unterrichten beide seit vielen Jahren das Fach Querflöte am Labenwolf-Gymnasium, dem musischen Gymnasium der Stadt Nürnberg.

Gundel Huschka and Gudrun Bähr have both been giving flute lessons for many years at the Labenwolf Gymnasium, the Music Gymnasium of the city of Nuremberg.

Gundel Huschka (*1956)

Gundel Huschka studierte Querflöte bei Hans-Peter Schmitz in Berlin und schloss das Studium als Orchestermusikerin und Privatmusiklehrerin ab. Anschließend absolvierte sie die Ausbildung zur Grundschullehrerin und nahm an Weiterbildungskursen bei Hermann Klemeyer, Gunther Pohl und James Galway teil.

Neben ihrer Konzerttätigkeit im In- und Ausland war sie über zwanzig Jahre Lehrbeauftragte an der Universität Erlangen-Nürnberg. Am Labenwolf-Gymnasium unterrichtet sie seit 1998.

In ihrer Freizeit widmet sich Gundel Huschka hauptsächlich dem Chorgesang.

Gundel Huschka took flute lessons with Hans-Peter Schmitz in Berlin and completed her studies as an orchestral musician and as a private flute-teacher. After this, she graduated as a primary school teacher and participated in advanced courses with Hermann Klemeyer, Gunther Pohl and James Galway.

Apart from her concert schedule at home and abroad, Gundel Huschka was a teacher at the University of Erlangen-Nuremberg for over twenty years. She teaches flute at the Labenwolf Gymnasium, where she has been a member of staff since 1998.

Gundel Huschka's free time is devoted to her choir-singing activities.

Gudrun Bähr (*1961)

Gudrun Bähr wurde in Montevideo/Uruguay geboren und wuchs in Südamerika auf. Sie studierte Querflöte und Blockflöte am Nürnberger Meistersinger-Konservatorium und schloss dort mit der staatlichen Musiklehrerprüfung ab. Ihr anschließendes Studium an der Hochschule für Musik in Frankfurt/Main beendete sie mit der künstlerischen Reifeprüfung für Querflöte. Zahlreiche Konzerte in Deutschland und Südamerika belegen ihre künstlerische Arbeit als Solistin wie auch in kammermusikalischen Besetzungen. Sie wirkte an einer Vielzahl von Uraufführungen von Werken zeitgenössischer Komponisten sowie an Rundfunk-, TV- und CD-Produktionen mit.

Gudrun Bähr arbeitete als Dozentin für Querflöte und Methodik an den Berufsfachschulen für Musik in Dinkelsbühl und Sulzbach-Rosenberg. Lehrkraft am Labenwolf-Gymnasium ist sie seit 1994. Seit 2005 hat sie zudem einen Lehrauftrag an der Hochschule für Musik in Nürnberg.

Gudrun Bähr was born in Montevideo, Uruguay, and grew up in South America. She took flute and recorder lessons at the Meistersinger Konservatorium in Nuremberg, where she graduated with the state music teacher's examination. She continued her studies at the Hochschule für Musik in Frankfurt/Main, where she obtained her artistic performer's certificate. She has given numerous recitals in Germany and South America, proving her artistic musical ability both as a soloist and chamber music partner. She has appeared in several premieres of works by contemporary composers, and in many radio, television and CD productions.

Gudrun Bähr held a position as lecturer in flute and methology at the Berufsfachschule für Musik in Dinkelsbühl and Sulzbach-Rosenberg, and has been teaching at the Labenwolf Gymnasium for almost twenty years. In addition to this, she has had a teaching position at the Hochschule für Musik, Nuremberg, since 2005.